KB213112

헨리 스쿠걸의 고전 해설

인간의 영혼 안에 계시는 하나님의 새 생명

존 D. 길레스퍼

한길환 옮김

인간의 영혼 안에 계시는
하나님의 새 생명

헨리 스쿠걸의 고전 해설

초판1쇄   2022년 1월 10일

지은이   존 D. 길레스피
옮긴이   한길환
디자인   최주호
펴낸이   이규종
펴낸곳   엘맨
등록번호   제2020-000033호(1985.10.29.)
등록된곳   서울시 마포구 토정로 222
         한국출판콘텐츠센터 422-3
전 화   (02) 323-4060, 6401-7004
팩 스   (02) 323-6416
이 메 일   elman1985@hanmail.net
         www.elman.kr

ISBN   978-89-5515-012-4 03230

값 13,000 원

The New Life
of
God in the Soul of Man

John D. Gillespie

차례

제1부 · 참 생명이란 무엇인가?

제2부 · 참 생명의 경이로움과 축복

제3부 · 참 삶은 가능하다

옮긴이의 글

헨리 스쿠갈은 1665년 스코틀랜드 북부 애버딘에 있는 킹스 칼리지를 졸업 후 철학 교수로 승진했다. 1672년에 목사로 임명되어 1년 동안 봉사한 후 킹스 칼리지로 돌아와 신학 교수로 5년 동안 가르쳤다. 그는 목사이자 신학 교수로 재직하면서 많은 작품을 썼다. 그는 라틴어, 히브리어 및 몇 가지 아시아 언어를 구사했다. 그는 킹스 칼리지에서 그의 가장 인정받는 작품인 "인간의 영혼 안에 계시는 하나님의 생명"은 원래 친구에게 기독교를 설명하고 영적 조언을 주기 위해 쓴 것이다. 이 작품은 스쿠갈의 편지를 소화하기 전까지는 참 종교가 무엇인지 전혀 이해하지 못했다고 말한 조지 휫필드를 비롯한 대각성 운동의 지도자들에게 거의 보편적으로 찬사를 받았다. 이 경건한 그리스도인은 1678년 6월 13일 결핵으로 28세의 나이로 주님의 부르심을 받았다. "인간의 영혼 안에 계시는 하나님의 새 생명"은 이 책의 저자 존 길레스피가 스쿠갈의 편지에 적절한 성경 구절을 첨가해서 해설했다. 참 기독교가 무엇인지 알기를 원하는 모든 구도자들과 탕자처럼 아버지 집을 떠나 영적으로 육적으로 굶주리며 아버지 집으로 다시 돌아가기를 소원하는 모든 순례자들에게 영적인 참 진리의 길잡이가 되기를 간절히 기원한다.

충남 홍성 생명의 강가 작은 서재에서
한길환 목사

머리글

제이크 배레스

서로 어깨를 맞대고 있는 아이티 목회자 25명이 연사를 향해 눈을 크게 뜨고 말똥말똥 쳐다보고 있을 때 깜박거리는 한 개의 전구가 조용히 머리 위에서 흔들렸다.

"지루해 하는 것은 죄입니다!" 콘크리트 블록 벽을 울리며, 이 개회사가 내 이마를 찰싹 때리는 것처럼 정면으로 일격을 가하기 전 몇 초 동안 왔다 갔다 했다. 다음 금언을 예상하며 모든 눈이 둥그레졌다. "예수님을 생각할 때 여러분이 생각하는 것이 여러분에게 가장 중요한 것입니다!" 그리스도인이 어떻게 예수님을 상대로 권태를 느낄 수 있습니까? "목사님이 어떻게 예수님에 대한 지루한 메시지를 가르칠 수 있습니까?"

3일간의 목회자 훈련 세미나 주간 중 첫째 날 오전 10시 아이티 다그 아웃(Dargout)의 올인원 교회(All-In-One Church)의 강의실 밖의 온도는 벌써 80도로 치솟고 있었다. 아침 햇살이 환기 블록 벽을 타고 통로에 있는 모든 것을 태워버릴 듯이 줄을 긋기 시작한다. 땀방울이 눈썹에 아슬아슬하게 달라붙자 목사님들은 빽빽하게 늘어서 있는 함께 사용하는 책상 공간으로 비집고 들어갔다. 공기가 바뀐다. 약간의 바람이 곰팡내 나는 방 사이로 지나간다. 그 바람이 모든 목을 그 방향으로 길게 빼게 한다. 대체로 이러한 조건들은 어려운 학습 환경을 만들 것이다. 그러나 오늘은 존 길레스피가 예수님과 함께 매우 지루하지 않은 모험을 시작하면서 모든 눈이 그에게 고정되어 있다.

나는 몇 주 전에 존을 잠깐 만났다. 나는 그를 내가 국제 고아 보호 책임자로 재직하는 글로벌 고우 프로젝트(GO Project)의 오랜 후원자에게 소개받았다. 그는 아이티에 있는 고우 프로젝트의 목사 동역자들에게 내가 신학 훈련을 하는데 도움을 줄 사람을 찾고 있다는 소식을 듣고 그를 소개했다. 몇 주 뒤 나는 수십 명의 아이티 목사들에게 웨인 그루뎀(Wayne Grudem)의 조직신학(Systematic Theology)을 흥미진진하게 가르치고 있는 존(John)의 강의를 경청하면서 교실에 앉아 있는 나 자신을 발견했다. 며칠 동안 나는 존과 내가 서로 많은 것을 공유하고 있다는 것을 알았다. 우리 둘 다 영국에서 장기간을 보냈고 존은 26세, 나는 16세까지 살았다.

우리는 기타 연주에 대한 깊은 애정과 고전문학(특히 찰스 디킨스-Charles Dickens)에 대한 관심을 공유했다. 우리가 서로 유쾌한 모욕적인 행동에 장난스럽게 맞받아 쏘아 언쟁을 벌일 때 존의 재치 있고 잽싸고 시치미 떼는 유머 감각이 나를 긴장시켰다. 그는 나의 수많은 문신에 대해 나를 놀렸고 한편 나는 그의 드물게 숱이 적은 모근 때문에 샴푸를 꾸러미로 구입하는 것에 대해 걱정할 필요가 없다는 것이 얼마나 다행이냐고 그에게 재치 있는 응수를 했다.

나는 존이 훌륭하고 많은 것을 배울 수 있는 좋은 친구라는 느낌으로 아이티를 떠났다. 나는 존이 조언자와 친구로서 정기적으로 나를 흔쾌히 만날 수 있는지를 그에게 물었다. 존과 내가 함께 읽을 첫 번째 책이 조언자가 되어달라는 요청에 대한 응답으로 한 친구가 다른 친구에게 쓴 편지, 헨리 스쿠갈(Henry Scougal)의 "인간의 영혼 안에 계시는 하나님의 생명"이라는 것이 얼마나 적합한가. 캔자스 시티(Kansas City)에서 우리의 우정은 수년 동안 이어지면서 깊어졌다. 나는 내 사랑하는 친구 존 길레스피보다 더 깊이 사랑하거나 존경하는 사람은 거의 없다. "인간의 영혼 안에 계시는 하나님의 생명"은 한 사람이 다른 사람에게 쓴 한 통의 편지였다. 가능하다면 나는 당신이 그리스도 안에 있는 다른 형제와 교제 중에 그 편지가 의도하는 대로 해설한 헨리 스쿠갈의 고전에 대한 존의 해설을 읽을 것을 추천한다.

존은 글로벌 교육 네트워크(Global Training Network) 사역을 통해 목회자를 교육하기 위해 전 세계로 여행하는 것 외에도 고우 프로젝트 목회자 파트너를 교육하기 위해 매년 두 번 아이티로 여행한다. 그는 고맙게도 여전히 내 좋은 친구이자 스승이다. 우리 모두는 정말 행운이다.

이 작은 책을 추천하게 되어 기쁘다. 나는 이 책이 당신의 영혼에 많은 유익이 될 것이라고 확신한다.

환영의 인사

몇 년 전, 내 친구이자 복음의 위인인 줄리안 리베라(Julian Rebera)는 28번째 해를 넘기기 전에 세상을 떠났던 한 사람이 오래전에 편지로 기록한 작은 책을 내게 알려 주었다. 수년에 걸쳐 나는 한 두 사람과 함께 자주 우리들의 영혼의 유익을 위해 이 작은 책을 읽고 또 읽었다.

헨리 스쿠갈은 1650년 스코틀랜드에서 태어나서 1678년에 세상을 떠났다. 19세의 한창 나이에 그는 애버딘 대학교의 철학 교수가 되었다.

한 친구로부터 그를 그리스도인으로서 제자 삼아달라는 부탁을 받고, 스쿠갈은 참 그리스도인이 되는 것이 무엇을 의미하는지를 설명하는 긴 편지를 썼다. 그는 그 편지가 결코 책이 되게 할 의도가 없었으나 한창 젊은 나이에 세상을 떠나기 직전에 그 편지에 대한 출판만을 허락했다. 그 편지, "인간의 영혼 안에 계시는 하나님의 생명"은 무수한 생명을 변화시키는 책—생명이 될 운명이었다.

책을 출판한지 1세기 후, 찰스 웨슬리(Charles Wesley)는 그의 젊은 친구 조지 휫필드(George Whitefield)에게 이 책 한 권을 건네 주었다. 이 책을 읽은 휫필드는 스쿠갈의 책을 읽기 전까지 참 기독교에 대해서 확실히 이해하지 못했다고 말했다. 우리가 말하듯이, 나머지는 역사이다. 휫필드는 대서양 양쪽에서 그의 시대의 최고 설교자가 되었고 18세기의 대 각성 운동의 배후에서 목소리를 냈다.

스쿠갈의 책은 우리 시대에 유행에서 뒤떨어져 있다. 왜 그런가? 이 책은 얕은 시대에 깊이 있고, 평범한 시대에 심각하며, 세상에 묶인 시대에 천국에 묶여 있다. 이 편지는 마음을 자극하여 독자를 어리석은 생활에서 벗어나게 하기 위해 쓰였다. 인간의 영혼 안에 계시는 하나님의 생명은 "시원하지 않다("시원한"이란 말은 "미온적인"의 반대말이 아닌가?). 이 책은 단순하지만 진지하다. 나는 이 책을 멋지게 만들려고 하지 않았다. 그렇게 되면 글의 영향력을 손상시키고 헨리의 진심에 충실하지 못하게 될 것이다. 이 책은 기독교를 우리와 하나님의 생명의 초자연적이고 천상적인 연합에 불과하다는 것을 제시한다. 이 위대한 주제는 영혼을 형성하는 진리로 요약된다. 당신의 영혼의 건강과 복지는 당신이 가장 사랑하는 것의 가치에 의해 결정되고 평가된다. 그러므로 그것은 우리에게 끊임없이 하나님을 향하도록 한다.

그래서 나는 이 책의 영감을 통해서 여러 번 감동을 받았기 때문에 이 강력한 작은 책에 대한 새로운 해설을 제시하려고 했다. 나는 이 책에 대한 해설이 바로 이것이라고 단언한다. 나는 스쿠갈의 생각을 내 자신의 생각으로 대체했다. 따라서 이 작은 책은 그의 말만을 현대화시킨 것이 아니라, 그의 말에 대한 나의 해석과 설명이다. 그러니 어떤 점에서 당신이 그것을 좋아하지 않는다면, 헨리가 아니라 나를 탓하기 바란다! 내 제안이 오늘날 스쿠갈이 수많은 사람들에게 과거에 했던 일을 할 수 있기를 바란다.

이 해설서를 쓰는데 몇 가지가 나를 좌우했다. 첫째, 스쿠갈은 말을 낭비하지 않았다. 그는 지체할 겨를도 없이 죽어가는 사람이었다! 그래서 그는 바로 조종을 향해 그의 주먹을 날렸다. 그의 편지는 꾸며진 것이 거의 없다. 그래서 나는 그의 문체에 충실하려고 노력했다. 우리는 끝없는 삽화와 일화에 익숙하다. 스쿠갈이 거의 사용하지 않았기 때문에 나 역시 거의 사용하지 않았다. 그의 편지는 거의 모든 내용이 미사여구가 없기 때문에 나의 해설 역시도 그렇다.

나는 스쿠갈에게 신학적으로 충실하기 위해 최대한 주의를 기울였다. 이 해설은 내 저작이지만, 나는 내 자신의 의도를 제시하지 않고 그의 억양을 따라 그의 원래 의도와 말투에 충실하려고 했다. 나는 거기에 강조를 덧붙였다. 나는 스쿠갈이 우리가 기대하는 것처럼 속죄의 경이로움에 대해서 분명하게 말하지 않았다고 생각한다. 아마도 이것은 그가 모든 그 능력에 있어서 십자가가 더 널리 알려지고, 당연시되고, 그리고 갖고 있었던 복음이 더 박식한 시대에 살았기 때문이었을 것이다. 어떤 경우든 나는 예수님의 속죄 사역에 대해 좀 더 쉽게 표현하려고 했다. 또한 내가 스쿠갈의 독창성을 확장한 사례는 한두 번이 아니다. 신학이나 의도가 아니라 관찰이나 적용, 도전을 덧붙임으로써 나는 당신에게 도움이 될 것이라고 느꼈고, 우리의 쾌락에 미쳐 쉽게 중독된 문화에서 도움이 될 것이라고 생각했다. 그런 의미에서 보면, 이것은 더 이상 그의 친구에게 보내는 스쿠갈의 편지가 아니라 여러분에게 보내는 나의 편지이다.

나는 또한 그의 "종교"대한 언급을 "참 생명"이라는 말로 대체했다. 그의 시대에 "종교"라는 말이 어떤 좋은 말로 전달되었든 간에, 그것은 우리들에게 거의 해서는 안될 말이 되었다. 그래서, "참 종교"를 묘사한 그의 편지는 내가 단순히 진정한 기독교를 의미하는 "참 생명"을 묘사한 저작이다.

마지막으로, 나는 스쿠갈이 처음 포함했던 것보다 더 많은 성경 구절을 추가했다. 나는 그의 편지가 좀 여기에서 "얇은" 것 같다고 생각한다. 그것이 어떤 식으로든 성경에 어긋나는 것은 아니었다(!) 그러나 그의 요지에 대한 더 많은 성경의 증거를 추가함으로써 그것의 영향은 더 강력할 수 있다. 이 구절의 추가는 짧은 책을 약간 더 긴 책으로 바뀌게 만들었다! 그럼에도 불구하고 이 구절과 함께 시간을 가져라. 당신은 거기에서 하나님의 선하심과 영광을 볼 때까지 구절들을 숙고하면서 시간을 보내라. 성경구절은 내 말이 할 수 있는 것보다 당신에게 더 도움을 줄 것이다!

나는 스쿠갈의 원문을 다른 형제 또는 소그룹과 함께 한 문장 한 문장, 한 페이지씩 읽음으로써 큰 도움을 받았다. 그것은 헨리가 처음 의도했던 것처럼 내 사역에 유용한 훈련 도구가 되었다. 나는 당신이 이 해설서를 똑같이 유용한 도구로 사용하기를 권하고 싶다. 친구, 열렬한 문의자, 갈망하는 신자, 심지어 예수님과 오랫동안 여행했지만, 그의 영혼이 원기회복을 필요로 하는 사람과 함께 시간을 보내라. 서두르지 말라! 천천히 읽어야 할 것을 빨리 읽는 것에 대한 보상은 없다! 그리고 기억하라. 이것은 책이 되기 전 편지였다. 편지는 책보다 더 개인적이다. 이것을 편지로 읽어라.

나는 스쿠갈의 세 부분을 유지했으나 이에 더하여 헨리가 제시하지 않은 부분을 추가했다.

제1부 참 생명이란 무엇인가?
제2부 참 생명의 경이와 복!
제3부 참 삶은 가능하다!

경고를 받으라! 스쿠갈은 변명의 여지 없이 당신을 떠날 것이다. 당신과 나는 우리가 원하는 만큼 거룩하고 따라서 행복하다. 참 생명은 복잡하지 않지만 도전적이다. 단순하지만, 항상 쉽지는 않다. 이 책은 우리를 절망의 상황으로 이끌기 위해 고안된 것이다. 즉, 우리가 예수님이 우리의 유일한 소망이라는 것을 깨닫고, 그분을 덜 사랑하는 모든 사람들이 그분 앞에 굴복하고, 그들의 올바른 상황을 받아들이는 그 소중한 영혼의 상황으로 이끌기 위한 것이다. 그 상황에 처해 있을 때, 우리는 삶의 끝, 아버지 집의 현관, 천국의 주변에 있다. 우리가 참된 생명을 놓치는 것은 우리가 껍데기에 너무 쉽게 만족하고 유일하신 참 하나님보다 더 낮은 신들을 소중히 여기는 것을 더 원하고 그 이상을 원하지 않기 때문이다.

이 책은 대강 대강의 책이 아니다. 진지한 것이다. 나는 이 책이 당신의 책꽂이뿐만 아니라 당신의 마음속에 안주할 곳을 찾는 것이 나의 소망이고 기도이다.

캔자스 주 오버랜드 파크에서

당신의 존 길레스피

당신 안에 계시는 그리스도,
영광의 소망

– 골 1:27

제1부

참 생명이란 무엇인가?

제1부

참 생명이란 무엇인가?

친구에게 이 편지를 쓰는 이유

내 소중한 친구여,

나는 예수님을 따르고자 하는 친구의 열망을 도와달라고 나에게 부탁해 주어 정말 기쁘네. 친구의 마음이 나아갈 방향과 하나님을 향한 목표가 나와 너무나 일치하기 때문에, 나는 내 얼마 남지 않은 날들을 완벽하게 활용할 수 있도록 친구와 함께 보낼 시간을 찾겠네. 나는 가장 중요한 것은 친구가 하나님과 동행하는 것이라고 믿네. 그러므로 나는 그리스도인으로서 친구의 성결과 성장에 투자하는 것보다 친구에게 더 좋은 친구가 될 수 없네.

나는 이 일을 하는데 있어서 시간을 낭비하지 않고 친구를 향한 내 사랑을 보여주고, 내 형제가 되어준 친구에게 감사를 표하는 더 좋은 방법이 생각나지 않네! 나는 친구가 친구를 제자로 삼을 더 나은 사람을 찾을 수 있다고 확신하네. 그리고 나는 친구가 아직 모르는 것은 별로 말하지 않겠지만, 나는 여전히 하나님의 손에서 그리고 하나님의 인도하심으로 내가 친구와 나눌 것이 친구의 삶과 영혼에 도움이 되기를 바라네. 이것이 나에게 얼마나 영광스러운 일인가!

쉬운 선택이 아니다!

나는 시작부터 예수님을 따르는 것은 친구의 삶에 쉬운 선택이 아니라는 것을 말할 필요가 있네! 사실, 나는 친구에게 쉬운 삶을 원한다면 예수님으로부터 멀리 떨어져 있으라고 분명하게 말할 수 있네! "세부 항목"은 없네. 예수님은 처음부터 우리에게 이렇게 말씀하신다네. "아무든지 나를 따라 오려거든 자기를 부인하고 날마다 제 십자가를 지고 나를 따를 것이니라"(눅 9:23). 약속된 삶은 쉬운 삶이 아니라 참된 삶이라네. 친구가 처음부터 이 점을 이해하기만 하면 모든 것이 잘 될 것이네. 그러나, 만약 누군가가 전쟁터로 이어지는 험하고 좁은 길이 아니라, 꽃으로 온통 뒤덮여 있는 휴양지로 가는 길이라고 잘못 생각하여 이 길로 내려가기 시작한다면, 그들은 곧 낙담하고 그들 자신의 생각에서 꾸며낸 예수님으로 인해 실망할 것이네.

하지만 용기를 내게! 하나님은 기꺼이 준비되어 있으시고 친구의 상은 다름 아닌 바로 그리스도 자신이 될 것이네. 친구는 친구의 영혼 안에 사시는 하나님의 바로 그 생명을 발견하게 될 것이네.

"믿음으로 말미암아 그리스도께서 너희 마음에 계시게 하시기를 구하노라"(엡 3:17).

친구는 참 생명에 대한 탐구를 시작했으며, 친구가 그것에 대해 기꺼이 모든 것을 바칠 준비가 되어 있는 한, 거부당하지 않을 것이네.

"천국은 마치 밭에 감추인 보화와 같으니 사람이 이를 발견한 후 숨겨두고 기뻐하며 돌아가서 자기의 소유를 다 팔아 그 밭을 사느니라 또 천국은 마치 좋은 진주를 구하는 장사와 같으니 극히 값진 진주 하나를 발견하매 가서 자기의 소유를 다 팔아 그 진주를 사느니라"(마 13:44-46).

"내가 온 것은 양으로 생명을 얻게 하고 더 풍성하게 얻게 하려는 것이라"(요 10:10).

우리가 더 나아가기 전 고려해야 할 네 가지 사항

1. 하나님은 적극적이신 하나님이시다.

친구는 이 일에 있어서 하나님의 마음을 확신해야 하네. 하나님은 숨지 않으신다네. 하나님은 까다로우신 분이 아니시라네. 하나님은 그분의 관용을 마다하지 않으신다네. 그분은 우리가 그분을 원하는 것보다 우리를 더 원하신다네. 친구는 그러므로 참 생명에 대한 친구의 열망에서 적극적이신 하나님과 열린 천국을 발견하게 될 것이네. 이것이 바로 하나님의 모습이라네. 이것은 성경의 전체 주제라네-자신을 위해 구속받은 백성을 원하시고 보증하시는 구속하시는 하나님. 처음부터 친구를 향하신 그분의 마음을 확신하는 것은 그분을 향한 친구의 마음에 용기를 북돋아 줄 것이네.

"구하는 이마다 받을 것이요 찾는 이는 찾아낼 것이요 두드리
는 이에게는 열릴 것이니라 너희 중에 아버지 된 자로서 누가
아들이 생선을 달라 하는데 생선 대신에 뱀을 주며 알을 달라
하는데 전갈을 주겠느냐 너희가 악할지라도 좋은 것을 자식
에게 줄 줄 알거든 하물며 너희 하늘 아버지께서 구하는 자에
게 성령을 주시지 않겠느냐"(눅 11:10-13).

"나는 내 사랑하는 자에게 속하였도다 그가 나를 사모하는구
나"(아 7:10).

2. 친구가 그리스도인이라는 것을 확신하라!

나는 여기서 아무것도 가정하고 싶지 않네. 나는 감히 친구
에게 그리스도인의 삶으로 들어가는 길을 상기시켜 주고 싶
네. 오직 한 가지 방법밖에 없네. 그것은 예수 그리스도께서
십자가에서 친구를 위해 성취한 것을 믿는 것이라네. 친구의
죄 값이 완전히 지불된 곳이 바로 십자가였다네. 그리스도인
은 예수님께서 행하신 일에 모든 소망과 신뢰를 두고 "종교적

인" 의미로 하나님의 노여움을 진정시키기 위해 자신이 하고
자 하는 일에 대한 확신이 없는 사람이라네.

만일 친구가 참으로 그리스도인이라면, 친구의 죄를 짊어지
신 예수님에 대해서 듣는 것은 언제나 친구의 영혼에 원기를
회복시켜 줄 것일세. 만약 친구가 그리스도인이 아니라면, 그
것은 친구의 자존심에 반하기 때문에 거슬릴 것이네. 그러니,
우리가 진행하기 전에 여기서 자신을 확인해 보세! 여기 참된
척도가 있네-친구는 예수님이 친구의 죄의 값을 치르셨다는
것을 상기시키는 것에 어떻게 반응하는가? 친구는 친구의 죄
에 대한 그분의 놀랍고 족한 죽으심을 단순히 의지하는 것 말
고는 생명으로 들어가는 길이 없다는 말을 듣는 것에 어떻게
반응하는가? 친구는 그것에 대해 기뻐하는가, 아니면 그것에
맞서 신음하는가?

"내게는 우리 주 예수 그리스도의 십자가 외에 결코 자랑할 것
이 없으니 그리스도로 말미암아 세상이 나를 대하여 십자가
에 못박히고 내가 또한 세상에 대하여 그러하니라"(갈 6:14).

"하나님이 죄를 알지도 못하신 이를 우리를 대신하여 죄로 삼

으신 것은 우리로 하여금 그 안에서 하나님의 의가 되게 하려 하심이라"(고후 5:21).

하지만 나의 친구여! "단순한" 믿음을 가볍고 쉬운 것과 혼동하지 말게. "단순한"이란 나는 예수님에 대한 믿음을 의미할 뿐 다른 뜻은 없다네. 그리고 이와 같이, 이 세상에 이보다 더 급진적인 것은 없다네. 예수님에 대한 단순한 믿음은 친구가 친구 자신의 의(義)를 버렸다는 것을 의미하며, 하나님께 대한 모든 다른 "길"은 거짓되고 공허하다는 것을 의미한다네. 그것은 친구의 게으르고 무관심한 문화에 맞서게 할 것이고, 친구에게 모든 것을 희생시킬 것이네. 하지만 그 보상은 생명이 될 것이네!

3. 친구는 절박한가?

나는 예수 그리스도를 향한 친구의 삶에 절박함이 있다는 것을 친구가 나에게 친구를 제자로 삼아 달라고 부탁하는 것에서 추정하고 있네. 그것은 어떤 다른 방법이 될 수 없네. 예수님은 천국의 이미 행복한 삶을(취미나 오락처럼) 조금 더 낫게 하기 위해 단지 친구의 삶에 더해진 분이 될 수 없다네. 나는 친구가 예수님 아니면 아무것도 아닌 것을 보는 "돌아올 수 없는 경지"에 이르렀다고 믿네. 거긴 친구가 있을 수 있는 최고의 위치라네! 예수님을 원하고 "그리고" 예수님과 "함께"한 사람들이... 하지만 예수님을 알지 못했다네. 친구는 베드로와 친구들이 있었던 곳에 있어야 하네―"주여 영생의 말씀이 주께 있사오니 우리가 누구에게 가오리까"(요 6:68). 나는 친구가 그 좋은 곳에 있다고 믿네!

친구는 감히 이렇게 기도해야 하네, "내 마음을 주의 증거들에게 향하게 하시고 탐욕으로 향하지 말게 하소서,"(시 119:36) 이 세 마디 말씀을 알아야 하네, "내 마음을 향하게 하시고." 이 세 마디 말씀은 하나님이 전부라는 것과 하나님이 친구에게 주신 모든 것을 절대적으로 내맡기는 것을 의미한다는 것을 알고 있어야 하네. 친구는 이렇게 말해야 하네. "주여, 나는 정말로 나를 향하신 주님의 선하심을 믿나이다. 그리고 나는 성이나 돈이나 안락이나 결혼이나 삶 그 자체보다 주님을 더 사랑하기를 원하나이다." 하나님과 흥정은 없다네. 그것은 그분의 조건에 따른 삶이거나, 아니면 친구의 것에 대한 죽음이라네. 모든 것은 성패가 달려있다네. 여기에 뜨뜻미지근한 사람들을 위한 공간은 없는 반면, 너그러우신 하나님과 절박한 사람들을 위한 무한한 공간이 있다는 것을 확신하게!

4. 친구 스스로 이것을 하려고 하지 말라.

나의 친구여, 이 편지의 나머지 부분들은 친구가 다른 그리
스도인들, 즉 예수님을 따르고자 하는 다른 형제자매들과 동
행하고 있다는 것을 사실이라고 생각하네. 그리스도인의 삶의
축복과 싸움은 혼자가 아니라 신자들의 교제 안에서 경험된
다네. 그리스도인의 삶은 개인적인이지만 사적인 것은 아니라
네. 균형과 진정한 성장이 보장되는 것은 친구가 다른 사람들
과 함께 행하고, 다른 사람들과 함께 전파된 성경의 권위 아
래 들어가며, 다른 사람에게 책임을 질 때라네. 만일 친구가
다른 사람들과 분리된다면, 그것은 영적인 교만의 확실한 신
호이며 친구는 참 생명을 위해서 친구가 실행하는 것을 파멸
시킬 것이 확실하네.

성경은 신자들이 그리스도와 함께 있는 바로 그 순간에 그
들이 어디에서나 서로 연합되어 있는 것은 당연한 것으로 여
긴다네. 신약성경에는 다른 신자들을 필요로 하지 않는 외톨
이 그리스도인의 묘사는 없다네. 우리가 참으로 예수님을 아
는 것은 예수님의 교회에서 함께 하는 상황 가운데 있다네. 참
된 삶은 단순히 "예수님과 나"가 아니라 "예수님과 나의 형제
자매들!"이기도 하다네. 이는 우리는 한 몸이기 때문이라네.

"너희는 그리스도의 몸이요 지체의 각 부분이라"(고전 12:27).

"그가 빛 가운데 계신 것 같이 우리도 빛 가운데 행하면 우리가 서로 사귐이 있고 그 아들 예수의 피가 우리를 모든 죄에서 깨끗하게 하실 것이요"(요일 1:7).

"서로 돌아보아 사랑과 선행을 격려하며 모이기를 폐하는 어떤 사람의 습관과 같이 하지 말고 오직 권하여 그 날이 가까움을 볼수록 그리하자"(히 10:24-25).

친구가 여전히 예수님 안에서 참 생명의 방식을 배우고 싶다고 확신한다면, 그럼 시작해 보세!

기초부터 시작하는 것을 용서하게. 나는 친구가 이런 것을 알고 있다는 것을 알고 있지만, 그렇다고 해도 나는 기초를 놓는 것이 중요하다고 생각하네. 중요한 진리를 다시 논의하는 것은 결코 나쁘지 않다네.

그리스도인의 생명은 초자연적인 생명이라네. 그것은 단지 하나님에 관한 몇 가지 생각이나 또는 일련의 법칙 또는 더 나은 삶을 살기 위한 새로운 노력이 아니라네. 그것은 믿음의 생명이라네. 그것은 예수 그리스도의 경이로움, 즉 그분이 누구시며 그분이 무엇을 행하시고, 행하셨고, 행하실 것인가가 우리를 사로잡는 생명이라네. 그것은 복음의 경이로움 속에서 사는 생명이라네. 그것은 하나님의 과분하신 선하심의 능력으로 사는 생명이라네. 그것은 용서받은 과거의 현실과 미래의 안전 속에서 사는 생명이라네. 그것은 하나님 자신의 성령께서 내주하시는 삶, 즉 용서받은 죄인과 자비로운 구세주의 초자연적인 연합의 생명이라네.

그것은 참 생명이라네.

하지만 그것은 너무 오해되고, 너무 복잡해지고, 너무 잘못 전해졌다네! 예수님과 그분의 복음의 단순함이 하나님을 달래려는 인간의 노력, 즉 "종교"가 되었다네. 그리스도인의 삶의 수정 같은 시내가 종종 썩은 웅덩이가 된다네. 그러나 하나님은 친구, 그리고 나, 그분 자신이 안에 사는 다름 아닌 바로 모든 단순한 신자와 우리의 마음 깊은 곳에서 나오는 참 생명을 원하신다네. 예수님은 이렇게 말씀하셨다네.

"누구든지 목마르거든 내게로 와서 마시라 나를 믿는 자는 성

경에 이름과 같이 그 배에서 생수의 강이 흘러나오리라 이는 그를 믿는 자들이 받을 성령을 가리켜 말씀하신 것이라"(요 7:37-39).

그래서 나는 몇 가지 부정적인 것부터 시작해야 할 것 같네. 그것은 정말로 내 마음의 방향이 아니라네. 문제를 지적하는 것은 나에게 기쁨을 주지 않지만... 하지만 나는 이것을 해야 하네.

흔한 실수

아마도 참 생명을 이해하는 데 있어서 가장 흔한 실수는 올바른 믿음 - 정통적인 생각 - 을 참 영적인 삶과 혼동하는 것일 것이네. 사람들을 "사칭자(詐稱者)들'"이라고 부르는 것은 친절하지 않을지 모르지만, 우리가 단순히 특정 교회에 대한 우리의 애착이나 신조로 우리 자신을 정의하고 이것이 우리를 예수님을 진정으로 따르는 사람으로 만든다고 생각한다면 그것이 바로 우리의 모습이라네. 많은 사람들이 자신의 작은 교파에 대한 정체성이 그들을 참 그리스도인으로 만드는 것이라고 생각할 때 기독교가 끝없는 교파로 나누어지는 것은 당연하다네. 그래서 올바른 믿음이 중요하다네. 참 생명은 거짓에서 비롯될 수 없다네. 그러나 신학 시험에 합격할 수 있는 것(신학 학위를 받더라도!) 이 영혼 속에 거주하시는 하나님의 생명을 보장하지는 않는다네. 성경은 마귀들조차도 믿는다고 말씀한다네(약 2:19, KJV). 아마도 마귀들은 신학 시험에 합격할 수 있었지만, 확실히 하나님의 생명이 안에 없었다네!

여전히 다른 이들은 이것이 그들을 참 그리스도인으로 만드는 것처럼 자신들의 의무를 행하는 일에 확신을 두고 있다네. 의무는 좋지만 의무가 참 생명을 대체할 것이 아니라, 참 생명에서 비롯되어야 한다네. 다른 사람들에게 친절하고, 교회에 충실하고, 가난한 사람들에게 베풀고, 친구의 개인적인 "경건한 시간"을 유지하는 것은 모두 좋은 일이지만, 우리가 이것을 지키면 그것으로 그가 예수님이 그를 위해서 가지고 계신 것을 경험한다고 생각한다면 그는 슬프게도 착각하고 있다네. 우리는 그리스도인이 되기 위해 기독교적인 일을 하지 않는다네. 먼저, 우리는 예수님 안에서 새로워지고 그 다음에 새로운 삶을 살게 된다네. 한 사람이 그가 군인처럼 살기 전에 군인이 되는 것처럼, 항상 행동하기 전에 먼저 되어야 한다네.

그런데 우리의 감정과 경험에 확신을 두는 사람들이 있다네. 여기서 사실 자신을 속이기 쉽다네! 물론 우리는 참으로 우리의 마음을 하나님과 접촉을 유지하고 싶지만, 우리가 우리의 열심과 열정을 참 생명으로 착각한다면, 그때는 우리는 우리의 확신을 잘못 두는 것이라네. 어떤 사람들은 마치 우리의 애정이 다른 모든 결점을 보충하는 것처럼 우리가 느끼는 감정이 가장 중요하다고 생각한다네. 그러나 큰소리나 감정적인 기도, 그리고 사랑과 열정의 표현으로 예수님께 말씀을 걸어도, 다시 말하지만, 모든 것이 그들의 올바른 위치에 있는 것, 그 자체가 누군가를 참 생명의 동반자로 만드는 것은 아니라네.

우리는 자기기만을 할 수 있다네. 우리는 우리의 땀과 큰소리를 진정한 참 본질의 생명으로 착각할 수 있다네! 또는 우리의 성미가 까다로운 교만이 기독교의 절제라고 생각할 수 있다네. 다른 사람들에 대한 우리의 분노는 그리스도를 위한 참 열정으로 착각할 수 있다네. 우리의 상사나 부모 또는 지도자에 대한 우리의 나쁜 태도를 우리는 용기와 결심으로 볼 수 있다네. 그러므로 예수님이 우리에게 나누어 주시기를 간절히 원하시는 참 생명을 확실히 이해하는 것이 얼마나 중요한가!

그것이 바로 이 편지라네!

참 생명의 기적

먼저 친구에게 참 생명을 설명함으로 시작하겠네. 나는 친구에게 "어떻게 해야 할지를 말하려는" 시험에 넘어가지 않을 것이네. 그건 너무 흔한 실수라네! "존재"는 "행하기"전 이라네. 참 그리스도인의 경험을 탐구하고 나중에 행동하는 것에 대해 말하도록 하세.

참 생명은 우리가 우리 주변에서 흔히 볼 수 있는 단순한 실체가 없는 모방과는 매우 다른 것이라네. 참 생명은 우리 주변에서 흔히 볼 수 있는 그림자와 같은 모조품과는 아주 다른 것이라네. 주님이 그들을 위해서 가지고 계시는 것을 경험하기 시작한 사람들은 거짓에 대한 시간도 사랑도 없다네.(참조. 갈 4:19). 그리스도인은 자신의 신조에 의해서만이 아니라 실제로 그의 경험에서 참 생명은 다름 아닌 바로 하나님과 자신의 생명의 연합, 즉 하나님의 바로 그 생명이 자신의 내면 혹은 사도 바울의 표현대로 자신 안에 형성된 그리스도를 알기 시작한다네(참조. 갈 4:19). 우리는 실제로 신자 안에 살고 계시는 성령 하나님을 이야기하고 있다네!

"너희는 너희가 하나님의 성전인 것과 하나님의 성령이 너희

안에 계시는 것을 알지 못하느냐"(고전 3:16).

그러므로 기독교 즉, 참 생명은 인간의 영혼 안에 계시는 하나님의 생명, 즉 신자 안에 내재하시는 성령 하나님 그 이하도 그 이상도 아니라네. 그것은 신조와 감정, 의무, 교리를 포괄하지만, 그것은 그 이상의 무언가가 있다네. 그것은 하나님의 생명이라네. 그것은 초자연적이라네.

나는 먼저 어떻게 그것이 생명이고 그 다음에 어떻게 그것이 하나님의 생명인지를 살펴보고, 친구에게 이 하나님의 생명에 대해서 말하고 싶네.

그리스도께서 주시는 참 생명은 영원하고 확고하다

첫째, 나는 기독교를 생명이라고 부르기로 했네. 생명은 덧없거나 순간적인 것과 반대로 지속적이고 믿을 수 있는 것을 말한다네. 생명은 성장과 활력을 내포하고 있다네. 참 생명은 갑작스런 일이나 지나가는 감정, 심지어 영적인 황홀경으로 옮겨가는 것 같은 감정도 아니라네. 많은 사람들이 믿을 수 없을 정도로 "종교적" 활동, 느낌, 또는 겉으로 보기에 설명할 수 없는 시기를 경험하는 것은 전혀 드문 일이 아니라네. 어떤 사람들은 놀라운 속도로 성장하는 것처럼 보이지만, 갑자기 시들어 버린다네. 그들은 뜨겁게 시작하지만, 조만간 냉담해진다네.

"그 날 예수께서 집에서 나가사 바닷가에 앉으시매 큰 무리가 그에게로 모여 들거늘 예수께서 배에 올라가 앉으시고 온 무리는 해변에 서 있더니 예수께서 비유로 여러 가지를 그들에게 말씀하여 이르시되 씨를 뿌리는 자가 뿌리러 나가서 뿌릴새 더러는 길가에 떨어지매 새들이 와서 먹어버렸고 더러는 흙이 얕은 돌밭에 떨어지매 흙이 깊지 아니하므로 곧 싹이 나오나 해가 돋은 후에 타서 뿌리가 없으므로 말랐고 더러는 가시떨기 위에 떨어지매 가시가 자라서 기운을 막았고 더러는 좋은 땅에 떨어지매 어떤 것은 백 배, 어떤 것은 육십 배, 어떤 것은 삼십 배의 결실을 하였느니라"(마 13:1-8).

무슨 일이 일어났든 간에, 영혼에게 참 생명을 불러일으키시는 하나님의 진정한 일은 아니었다네. 몸은 갑자기 참수된 것처럼, 그들은 많은 활동을 하지만 생명은 사라졌고…아무리 깊이 휘저어 뒤섞어도, 그것이 지속될 수 있는 방법은 없다네. 이와는 대조적으로 참 생명에 거하는 참 그리스도인의 길은 하나님의 생명 그 자체와의 결합에서 진행되기 때문에 꾸준하고 일정하며 영속적인 것임을 입증될 것이네.

참 생명은 자유롭고 외부의 힘에 의해 강요되는 것이 아니라 내적인 생명이다

예수님을 믿는 단순한 참 신자는 참 생명의 소유자라네. 그는 위협에 굴복하지 않는다네. 그는 부나 건강의 약속에 현혹되지 않는다네. 그는 단순히 외적인 법칙을 복종하는 율법주의자가 아니라네. 그 사람 안에는 자유롭고 무한한 하나님의 사랑, 즉 생명 그 자체가 자리잡고 있다네. 그래서 그는 외적으로 강요당하는 것이 아니라 내적으로 움직이고 힘을 얻는다네. 하나님은 그분의 바로 그 생명을 그에게 불어 넣으셨다네.

"이러므로 내가 하늘과 땅에 있는 각 족속에게 이름을 주신 아버지 앞에 무릎을 꿇고 비노니 그의 영광의 풍성함을 따라 그의 성령으로 말미암아 너희 속사람을 능력으로 강건하게 하시오며 믿음으로 말미암아 그리스도께서 너희 마음에 계시게 하시옵고 너희가 사랑 가운데서 뿌리가 박히고 터가 굳어져서 능히 모든 성도와 함께 지식에 넘치는 그리스도의 사랑을 알고 그 너비와 길이와 높이와 깊이가 어떠함을 깨달아 하나님의 모든 충만하신 것으로 너희에게 충만하게 하시기를 구하노라"(엡 3:14-19).

그러므로 간절한 신자가 하나님과 하나님의 선한 일(예전에 그가 사랑했던 죄악스러운 일과는 반대로)을 사랑하는 것은 외부의 압력이나 규칙이나 명령의 결과가 아니라, 하나님께서 거기에 두신, 즉 새로운 본성에서 비롯된 것이라네! 마찬가지로, 그의 비밀스러운 삶에서도 참 생명의 소유자는 의무 때문에 그의 성경을 읽고 기도하지 않는다네. 그는 하나님을 기쁘시게 하고, 그의 양심을 가라앉히려고 하는 것이 아니라, 그의 헌신은 그 안에 있는 하나님의 생명에서 나온다네. 그것은 이제 그가 다시 태어났기 때문에, 즉 그의 영혼이 다시 태어났기 때문에 그가 해야 할 "선천적"인(초자연적으로 야기된) 일이라네. 그의 기도 생활, 그의 회개하려는 노력, 그리고 그의 하나님과 함께 있기를 바라는 열망은 단순히 의무에서 일어나는 것이 아니라 주님께 대한 그의 의무의 깊은 욕망과 깊은 의식에서 비롯된다네.

"그런즉 누구든지 그리스도 안에 있으면 새로운 피조물 이라 이전 것은 지나갔으니 보라 새 것이 되었도다"(고후 5:17).

그래서 그는 기도하고, 성경을 읽고, 억지로 시켜서 회개하는 것이 아니라, 자신이 얼마나 하나님에 대해서 절박한지, 하나님이 얼마나 자신에게 선하시고 자비로우신지, 주님 없이 사는 것과 불행으로만 이끄는 죄의 길을 따르는 것이 얼마나 어리석은지 자신이 깨달았기 때문이라네. 그는 다시 연결되고, 방향을 바꾸고, 변화해 왔다네. 그는 그리스도께서 십자가에서 그의 죄를 그분 자신이 떠맡으셨다는 사실(고후 5:21)에 경탄과 놀라움으로 살아가고 있으며 자신의 죄가 사라졌다는 영광스러운 사실(참조. 요 1:29)을 결코 잊지 않는다네.

"하나님께 감사하리로다 너희가 본래 죄의 종이더니 너희에게 전하여 준바 교훈의 본을 마음으로 순종하여 죄에게서 해방되어 의에게 종이 되었느니라"(롬 6:17-18).

마찬가지로, 그가 행하는 선, 즉 자선과 친절한 행위는 외부의 율법주의에 의해 억지로 하지 않고 내부의 사랑에서 비롯된다네. 그에게 어떤 의무도 강요되지 않지만, 그럼에도 불구하고 그의 마음은 다른 사람에 대한 자선과 관대함으로 움직이지 않을 수 없다네. 다른 사람에게 부당하게 살거나, 거칠고 어리석게 사는 것은 이제 그의 새로운 본성에 반하는 것이라네. 이것은 모두 초자연적인 것이라네. 그러므로 요한은 (감히) 이렇게 말할 수 있다네. "하나님께로부터 난 자마다 죄를 짓지 아니하나니 이는 하나님의 씨가 그의 속에 거함이요 그도 범죄하지 못하는 것은 하나님께로부터 낳음이라"(요일 3:9). 물론 그리스도인은 하나님의 율법을 보는 안목이 있고, 하나님의 율법을 존중하지만, 그가 하나님의 율법을 복종하는 것은 그 상벌이 두려워서가 아니라 그가 율법의 선과 순결을 실제로 보기 때문이라네. 이것은 그가 사물을 보는 방식의 혁명이라네. 다시, 그는 외압에서가 아니라 내적인 사랑에서 움직인다네. 그는 하나님의 율법이 선하고 합당하며, 순종에 따른 큰 상급이 있다는 것을 분명히 본다네. 한때 불유쾌하게 여겼던 하나님의 율법은 이제 사랑받고 새롭게 찾은 능력으로 지켜지고 있다네.

"여호와의 율법은 완전하여 영혼을 소성시키며 여호와의 증거는 확실하여 우둔한 자를 지혜롭게 하며 여호와의 교훈은 정직하여 마음을 기쁘게 하고 여호와의 계명은 순결하여 눈을 밝게 하시도다 여호와를 경외하는 도는 정결하여 영원까지 이르고 여호와의 법도 진실하여 다 의로우니 금 곧 많은 순금보다 더 사모할 것이며 꿀과 송이꿀보다 더 달도다 또 주의 종이 이것으로 경고를 받고 이것을 지킴으로 상이 크니이다"(시 19:7-11).

  하나님의 사랑으로 충만한 사람들은 보통 위협과 율법으로 동기부여를 받을 필요가 없다네. 사랑은 율법보다 더 강력한 원동력이라네. 예수님에 대해서 생각해보게. 그분은 그분께 어떤 동기부여가 있었다고 말씀하셨는가? 그분의 아버지로부터 외적인 압력인가? 율법 책인가? 그분이 그분의 (충격받은)제자들이 그분이 사마리아 여자와 함께 시간을 보내시는 것을 발견했을 때 하신 말씀을 기억하게. "나의 양식은 나를 보내신 이의 뜻을 행하며 그의 일을 온전히 이루는 것이니라."고 예수님은 말씀하셨다네(요 4:34). 우리가 음식에 굶주리고 음식으로 만족하듯이 신자는 "본성적으로"(실제로 하나님이 그 안에 새 본성을 주셨기 때문에 초자연적이라네) 하나님의 뜻에 이끌려 행함으로써만 만족한다네. 그는 그것에 강요당하는 것이 아니라네. 그는 그것에 끌리는 것에 행복하다네. 나는 외압이 결코 필요하지 않다고 말하는 것은 아니지만, 그것은 참된 생명을 가진 참된 신앙인의 일반적인 방법은 아니라네. 아마도 어린 그리스도인 또는 흔들리는 세속적인 그리스도인은 두려움 또는 소원 또는 다른 사람들의 압력에 의해 추진하거나 진행하거나 행동에 옮길 필요가 있을 것이네. 하지만 이것은 그리스도인에게 일반적인 경우가 아니라네.

친구에게 다음 몇 가지 좋은 소식이 있네. 만일 친구가 하나님과 함께 동행하는 데 있어서 충실하고 성실하려고 한다면, 하나님의 뜻을 행하는 데 있어서 행복하고 순종하기를 원한다면, 만일 친구가 친구의 외부의 것에 의해 강요당하기 보다는 친구의 내면으로부터 솟아나는 참된 삶을 바란다면, 힘을 내게! 비록 그것이 작고 새싹일지라도, 이것은 친구 속에서 성장하고 있는 참된 생명의 확실한 징후라네. 하늘에 계신 하나님이 친구 안에 있는 그분의 생명에 대한 가장 작은 증거를 소중히 여기시고 그 진행과 성장을 보장해 주실 것을 확신하게.

"너희 안에서 착한 일을 시작하신 이가 그리스도 예수의 날까지 이루실 줄을 우리는 확신하노라"(빌 1:6).

"상한 갈대를 꺾지 아니하며 꺼져가는 심지를 끄지 아니하기를 심판하여 이길 때까지 하리니"(마 12:20).

그러나 - 주의를 기울이게 - 그러한 삶이 내면(최소한의 형태라도)을 움직이는 것을 발견하지 못하고 심지어 그것을 바라지도 않고, 관습, 군중 추종, 또는 외부의 종교에 의해 형성된 생명에 행복하고 완벽하게 만족하는 사람은 꼭두각시 인형이라고 불릴 수 있는 더 이상 참 그리스도인으로 불릴 수 없다네.

내가 말하는 종교는 하나님, 타인, 그리고 자신의 양심을 달래려는 형식적이고 강제적인, 규칙에 근거한 시도는 영혼의 무거운 것을 만들어낸다네. 그것은 무거운 무게를 오르막길로 밀어 올리는 것과 같다네. 그것은 애정이 없는 결혼 생활에서 어쩌면 체면을 세우기 위해서 자신의 의무를 다하려는 아내와 같다네. 친구는 그러한 종교는 자유롭고 너그러운 마음을 만들어 낼 수 없다는 것을 분명히 알 수 있네. 그것은 차갑고 생명이 없는 시체와 같다네. 그것은 경건의 모양은 있으나 경건의 능력은 없다네(참조. 딤후 3:5). 그것은 언제나 주님이 어떤 분이시고, 그분의 은총이 단순한 신자에게서 어떤 것을 만들어 내시는지와는 정반대를 제시하는 데 있어서 언제나 인색할 것이네. 만약 참 생명이 특별한 은혜의 산물이고, 따라서 특별한 풍요로운 생명과 거저 주는 것을 만들어낸다면, 행위에 근거한 종교의 산물인 율법주의는 단지 요구만 하고 그 이상은 하지 않는 냉정하고 계산된 삶을 만들어 낼 뿐이라네.

"우리가 다 그의 충만한데서 받으니 은혜 위에 은혜러라 율법은 모세로 말미암아 주어진 것이요 진리는 예수 그리스도로 말미암아 온 것이라"(요 1:16-17).

차갑고 계산적이기는커녕, 자신을 온전히 예수님께 바친 사람은 그가 예수님을 위해 너무 많은 일을 하고 있다고 결코 생각하지 않을 것이네. 그 자신과 그의 행위를 언급하는 희생이라는 말은 그의 표현의 일부도 아닐 것이네.

참 생명은 하나님의 초자연적인 생명이다

나는 기독교, 즉 참 생명이 단순히 외부의 종교적 압력으로 강요된 복종과 완전히 다르다는 것이 이제 친구에게 명백해지기를 바라네. 그것은 하나님 자신에 의해 거기에 시작된 마음 속에 살아 있는 원리라네. 비록 그런 것들이 실제로 존재하고 사실이더라도 보상에 대한 기대나 처벌에 대한 두려움과 같은 약한 외부적인 것들에 의해 지속되거나 동기부여 될 수 없다네. 그것들은 기독교인들에게는 부차적인 동기이자 권한 부여에 불과하다네.

우리가 여기서 생명을 다루는 것뿐만 아니라 (머리 없는 닭처럼) 무미건조한 삶을 살아 간다는 것을 확고히 굳힌 후, 우리는 이 생명이 하나님의 생명이라는 것을 알 필요가 있다네. 즉, 그 것은 하나님께로부터 온 것이고 전적으로 그분께 의존하는 것 이라네. 하나님은 참 생명의 원천이시자 근원이시자 유지하시 는 분이시라네. "그 안에 생명이 있었다…"(요 1:4). 그분의 성 령을 통해 그분은 만약 그렇지 않으면 육체적인 생명만을 지 닐 수 있는 사람들에게 생명을 심으신다네. 또한 그것은 죄인 의 마음속에 태어났을 때 하나님의 바로 그 본성과 닮았기 때 문에 하나님의 생명이라네. 그것은 또한 죄인을 떠맡기 때문 에 하나님의 생명이라네. 그것은 마치 다른 죄악으로 어두워 진 생명 또는 신자의 마음에 자리잡고 있는 하나님의 무한하 신 선(善)의 미량의 신성한 광선과 같다네. 그것은 구속받은 사 람의 영혼에서 회복되고 빛나는 하나님의 형상이라네. 그것은 성경이 거듭나고, 하나님이 내주하시고, 또는 그들 안에 그리 스도의 형상이 있는 그리스도인을 언급할 때를 의미한다네.

바로 종교적인 니고데모가 감히 예수님께 하나님의 나라(요 3장)에 대해 묻자, 예수님은 어리둥절케 한 지도자에게 그가 하 나님의 나라에 들어가려면 무슨 일(참 생명을 경험하라)이 일어나 야 하는지를 설명하셨다네. 예수님이 니고데모에게 "너는 거듭나야 한다"고 말씀하실 때(요 3:6), 예수님은 그 사람에게 그분의 손가락을 흔드시면서 무엇인가를 하라고 명령하시는 것이 아니라, 그분은 하나님이 그분 안에서 무엇을 하시기를 원하시는지, 즉 그분의 새 생명을 니고데모에게 주시는 것을 설명하고 계신다네.

"주께서 이르시되 그날 후로는 그들과 맺을 언약이 이것이니라 하시고 내 법을 그들의 마음에 두고 그들의 생각에 기록하리라"(히 10:16).

"또 새 영을 너희 속에 두고 새 마음을 너희에게 주되 너희 육신에서 굳은 마음을 제거하고 부드러운 마음을 줄 것이며 또 내 영을 너희 속에 두어 너희로 내 율례를 행하게 하리니 너희가 내 규례를 지켜 행할지라"(겔 36:26-27).

기독교가 초자연적인 생명이라면 선천적인 생명이란 무엇인가?

이것으로 더 나아가세. 나는 친구가 단순한 육체적 혹은 "동물적" 생명과 하나님이 친구에게 주시고 싶어하시는 것 사이의 생명의 차이를 볼 수 있도록 하고 싶네. 그래서, 우리가 참 영적 생명, 즉 초자연적 생명을 탐구하기 전에, 우리가 타고난 것 또는 "동물적인 것"을 이해한다면, 그것은 도움이 될 것이네. 작은 것을 이해함으로써 우리는 더 큰 것을 더 잘 이해할 것이네. 선천적인 생명은 육체적인 탄생으로 모든 사람이 가지고 있는 것이라네. 그것은 우리 자신을 기쁘게 하는 것, 우리의 본성을 즐겁게 하는 것에 대한 우리의 열망으로 특징지어진다네. 그것은 이기심과 자기애를 부채질하며, 각 사람뿐만 아니라 문화와 사회 전체에 널리 퍼진다네. 그러한 선천적인(동물적인) 생명은 우리의 감정과 감각, 즉 우리가 만지고, 맛보고, 보고, 냄새 맡고, 느끼고, 들을 수 있는 반면, 초자연적인 생명은 우리가 감지할 수 있는 것 뿐만 아니라 믿음에도 기초한다네. 이해해야 할 중요한 것은 타고난 생명의 모든 목적이 자기 삶에 즐거움을 가져다 주는 것이라네.

우리의 타고난 생명 그 자체는 악하지 않다네. 그것은 하나님의 지혜와 선하심으로 인해 주어졌다네. 기껏해야 우리의 타고난 욕망과 식욕은 우리의 삶을 보존하고, 우리 자신과 주변 사람들을 돌보게 한다네. 단순한 짐승들도 자신들과 그들의 종족을 보존하려는 욕망에 의해 움직인다네. 그러나 하나님의 형상대로 창조된 인간은 선천적인 생명과 동물의 욕망 이상으로 창조되었다네. 우리는 우리의 육체적 삶의 단순한 보존과 개선보다 더 높은 것에 의해 인도를 받아야 한다네. 그러므로 그것은 우리의 더 고귀한 목적과 더 높은 계획을 무시한 채, 우리의 선천적인 생명의 것들(우리가 마치 동물처럼, 심지어 "더 고등" 동물일지라도)에 모두 사로잡히고 감격할 때, 그것은 하나님에 대한 범죄이며 우리가 지니고 있는 그분의 형상에 대한 범죄라네. 나는 어떤 식으로든 우리의 선천적인 생명(하나님의 창조물)이 소멸되어야 한다고 제안하는 것이 아니라, 선천적인 생명은 우리의 초자연적인, 영적인 생명에 의해 지배되고, 구속되고, 지배되어야 한다고 제안하는 것이네. 낮은 것은 더 높은 것을 만족시키는 것이라네. 한 번 태어난 사람과 두 번 태어난 사람의 주요 차이점은 다음과 같다네. 타고난 충동이 선천적인 사람을 지배하고, 하나님의 충동이 초자연적 사람을 지배한다네. 우리가 초자연적인 존재로 부름을 받았을 때 선천적인 것에 안주하고, 영적인 것을 무시하고 단순한 동물적인 것에 빠지는 것은 참으로 사악하다는 것을 이해할 필요가 있네.

선천적인 생명을 상징하는 몇 가지 특징

선천적인 생명은 위험할 정도로 기만적이라네. 그것은 사람들을 행동과 습관으로 이끌 수 있는데, 그 중 일부는 분명히 끔찍하고, 다른 일부는 예의 바르고 받아들일 수 있는데, 모두 그것을 압박하는 상황에 달려 있다네. 타고난 사람은 자신의 행동이 겉으로는 사악한 행동과 같은 근원에서 비롯된다는 사실을 깨닫지 못하고 자신의 행동이 비교적 선하고 옳다(자신을 매우 좋게 생각해서)고 생각할 수 있다네.

이것에 대해 나와 함께 생각해 보세. 어떤 사람들은 선천적으로 어떤지 생각해 보게. 어떤 사람들은 마음이 가볍고, 어쩌면 어리석고 우스꽝스러운 행동까지도 할 수 있네. 다른 사람들은 진지하고 항상 침착할 수도 있고, 어리석고 엉뚱한 방식으로 행동하는 것을 감히 하지 않을 수도 있다네. 그래서 사람들은 그들을 비교적 좋게 보고 존경하며 다른 사람들은 나쁘다고 본다네. 사람들은 한 사람을 존경하고 다른 사람을 피한다네. 하지만 하나님이 그 사람들을 그렇게 보실까?...

그럼에도 불구하고 다른 사람들은 비참하게 태어난 것 같네. 그점에서 그들은 상하고 비뚤어진다네. 그들은 함께 있는 것을 기피하고 어디를 가든 불행을 퍼뜨리는 것 같네. 감사하게도, 모든 사람이 그들과 같지 않다네! 그리고 그렇게 선량한 본성을 가진 것 같은 다른 사람들도 있다네. 친구는 단지 그들 곁에 있고 싶어하고, 그들은 다른 사람들과 함께 있는 것을 좋아한다네. 그들은 본래 유쾌하고 남을 배려하며 가는 곳마다 생기를 퍼트린다네. 세상은 그들 때문에 더 나은 곳인 것 같네! 전자를 악인으로, 후자를 의인로 보는 것은 너무 쉽다네. 하지만 하나님은 무엇을 보시는가?

어떤 사람들은 다른 사람들에게 어떻게 행동해야 하는지를 배우는 자연스러운 이점을 결코 가져본 적이 없다네. 그들은 그들의 가장 큰 만족을 찾고 모든 것을 그들 자신의 이익을 위해 일하고자 하는 동물적 본능을 따를 뿐이라네. 다른 사람들은 올바른 행동과 품위를 배웠다네. 그들은 다른 사람들이 하는 비열하고 외설적인 일을 할 생각을 하지 않을 것이네. 그들은 나쁜 행동을 할 수 없는 것 같네. 이것은 그들이 무지한 사람들보다 하나님 앞에서 더 낫다는 것을 의미할까?

사람은 실제로 나쁜 행동과 좋은 행동을 스스로 판단할 수 있고… 그러나 여전히 어떤 식으로든 그리스도인이 될 수 없다네. 그는 술취함과 욕망, 그리고 다른 모든 유형의 파괴적인 행동이 자신과 그의 명성을 파멸시키고 있다고 판단할 수 있고 자신을 개심시키는데 그의 선천적인 능력을 발휘할 수 있다네. 이것은 자기 사랑보다 더 큰 것이 없는 능력이 될 수 있다네. 그가 사실 자신의 돈에 대한 자부심, 명성 또는 사랑(자신의 나쁜 행동이 낭비라는 것을 깨달았던)보다 더 큰 동기 부여를 받지 않을 때, 누구나 그를 의로운 사람으로 볼 수 있다네. 그는 세상에 대한 자신의 개인적인 관심을 확보하는 가장 좋은 방법은 스스로 행동하는 것이라고 생각한다네.

그러나 타고난 자아는 더욱 자기 기만적일 수 있다네. 완전히 선천적인 사람은 심지어 매우 "종교적"이 되어 독선, 학문, 경건함의 높은 길로 멀리 갈 수도 있다네. 그 사람은 신학을 공부할 수도 있고, 이미 인상적인 그의 삶에 그런 인상적인 지식을 더할 수도 있다. 다른 사람들은 그렇게 배우고 경건한 사람과 함께 있는 것을 놀라고 사랑하게 될지도 모른다네. 그는 심지어 성경과 신학에 대한 지식을 모두 자기 삶의 봉사라고 가르치고 설교하고 해설할 수도 있다네. 사도 바울이 그리스도인이 되기 전에 얼마나 종교적인 사람이었는지 생각해 보게.

"하나님의 성령으로 봉사하며 그리스도 예수로 자랑하고 육체를 신뢰하지 아니하는 우리가 곧 할례파라 그러나 나도 육체를 신뢰할 만하며 만일 누구든지 다른 이가 육체를 신뢰할

것이 있는 줄로 생각하면 나는 더욱 그러하리니 나는 팔일 만
에 할례를 받고 이스라엘 족속이요 베냐민 지파요 히브리인
중의 히브리인이요 율법으로는 바리새인이요 열심으로는 교
회를 박해하고 율법의 의로는 흠이 없는 자라 그러나 무엇이
든지 내게 유익하던 것을 내가 그리스도를 위하여 다 해로 여
길뿐더러 또한 모든 것을 해로 여김은 내 주 그리스도 예수를
아는 지식이 가장 고상하기 때문이라 내가 그를 위하여 모든
것을 잃어버리고 배설물로 여김은 그리스도를 얻고 그 안에
서 발견되려 함이니 내가 가진 의는 율법에서 난 것이 아니요
오직 그리스도를 믿음으로 말미암은 것이니 곧 믿음으로 하
나님께로부터 난 의라"(빌 3:3-9).

이와 같이, 예수님은 매우 종교적이지만, 하나님 앞에서는
그렇지 않은 사람에 대한 이야기를 하셨다네. 자기 자신들의
의(義)를 확신하고 다른 모든 사람을 멸시하는 어떤 사람에게,
예수님은 이 비유를 말씀하셨다네.

"또 자기를 의롭다고 믿고 다른 사람을 멸시하는 자들에게 이
비유로 말씀하시되 두 사람이 기도하러 성전에 올라가니 하
나는 바리새인이요 하나는 세리라 바리새인은 서서 따로 기

도하여 가로되 하나님이여 나는 다른 사람들 곧 토색, 불의, 간음을 하는 자들과 같지 아니하고 이 세리와도 같지 아니함을 감사하나이다 나는 이레에 두 번씩 금식하고 또 소득의 십일조를 드리나이다 하고 세리는 멀리 서서 감히 눈을 들어 하늘을 우러러보지도 못하고 다만 가슴을 치며 가로되 하나님이여 불쌍히 여기옵소서 나는 죄인이로소이다 하였느니라 내가 너희에게 이르노니 이 사람이 저보다 의롭다 하심을 받고 집에 내려갔느니라 무릇 자기를 높이는 자는 낮아지고 자기를 낮추는 자는 높아지리라 하시니라"(눅 18:9-14).

자기 사랑으로 그 자체가 무너진 생명은 천국에 대해서 듣고, 생각하고, 말하는 것조차도 소망할 수 없다네. 왜 안 되는가? 성경은 천국에 대해서 환상적으로 말씀한다네. 면류관과 수정 강 그리고 영원한 기쁨의 그림을 보는 듯한 서술은 천국의 중심적 기쁨이 우리의 멋진 하나님의 바로 현존이라는 사실을 무시하는 어떤 세상 사람도 천국에 있고 싶어하게 만들수 있다네. 그렇더라도 자기 자신을 사랑하는 사람이 예수님이 천국을 가능하게 하셨고, 그것을 위해 그분 자신의 피로 사람을 사셨다는 말을 들을 때, 그는 예수님에 대한 마음을 쓰는 애정, 자신의 심정으로 감사할 수 있다네. "예수님은 얼마나 멋진 분인가!" 그러므로 그는 사실 그가 성경이 왕 중의 왕, 주 중의 주라고 말씀하는 예수님을 사랑하지 않을지라도, 예수님을 사랑한다고 생각할지도 모른다네. 그는 단지 그를 떠받들, 이기적인 목적의 요구를 만족시킬 자신의 마음에서 구상한 예수님을 사랑한다네. 예술가, 음악가, 시인, 모든 종류의 사람들은 주님으로서 예수님 앞에 절하지 않고 예수님을 따뜻하게 말하고 노래할 수 있다네. 그것은 모두 "선천적"이며 필연적으로 전혀 초자연적인 것은 아니라네.

그래서 이것을 요약하자면, 나는 사람들이 선천적인 이점을 사용하여 스스로를 개선하거나, 품위 있게 행동하도록 격려하는 것이 나쁘다고 말하는 것이 아니라네. 하지만 우리가 단지 선천적인 것에 사로잡혀서 그것을 초자연적인("생명"을 위한 삶) 것으로 착각한다면, 우리는 한계를 벗어나서 판단에서 심각한 실수를 한 것이라네. 교육받은 사람, 단순한 사람, 공손한 사람, 야비한 사람, 종교적인 사람, 세속적인 사람 등은 선천적으로 어떤 사람이든지 간에 그의 마음의 깊은 상태에 대해 필연적으로 어떤 것도 말하지 않는다네.

초자연적인 생명은 어떤 것인가 – 네 가지 본질에 초점을 맞춘 믿음

이제 우리의 초자연적인 생명, 즉 참 생명에 대한 우리의 절차를 다시 시작할 때이네. 나는 그것을 먼저 설명하고 나서, 나는 친구 스스로 그것을 경험하도록 도움을 주겠네. 정말로 친구가 그것이 얼마나 불가사의한지를 보고 자포자기하지 말게! 그것은 불가능하지 않다네!

기억하게, 그것은 하나님과 직접 생명의 결합이라네. 그것은 다음과 같은 성경의 설명으로 요약될 수 있다네. "하나님 안에 그리스도와 함께 감추어진 생명."

> "이는 너희가 죽었고 너희 생명이 그리스도와 함께 하나님 안에 감추어졌음이라"(골 3:3).

> "하나님이 그들로 하여금 이 비밀의 영광이 이방인 가운데 얼마나 풍성한지를 알게 하심이라 이 비밀은 너희 안에 계신 그리스도시니 곧 영광의 소망이니라"(골 1:27).

> "내가 그리스도와 함께 십자가에 못박혔나니 그런즉 이제는

내가 산 것이 아니요 오직 내 안에 그리스도께서 사시는 것이라 이제 내가 육체 가운데 사는 것은 나를 사랑하사 나를 위하여 자기 자신을 버리신 하나님의 아들을 믿는 믿음 안에서 사는 것이라"(갈 2:20).

그것은 "그리스도와 함께 감추어진" 생명이기 때문에 그러므로 드러내는 것에 관한 것이 아니라네. 주변 세계가 그리스도인의 초자연적 생명에 반드시 감명을 받는 것은 아니며, 그리스도인이 자신의 영성이나 영적 능력으로 세상을 감동시키려 하는 것은 헛된 일이라네. 동물적인 생명만 있는 불신자는 그가 참 생명을 보고도 감명을 받지 않고, 그것을 알아채지 못할 수도 있고, 만약 알아본다면, 참 생명을 가치 없고 어리석게 생각할 것이네. 타고난 생명은 자아에 둘러싸여 자신을 사랑하고 그 자체로 끝난다네. 그것은 좁고 매우 작은 영역을 차지하고 있다네. 그것의 최고 목표는 그것의 낮은 본성을 만족시키는 것이라네. 그러므로 그것은 그 선천적인 것을 기쁘게 하고 만족시킬 그런 것들에 지속적으로 끌린다네.

반대로 참 생명은 하나님의 무한하신 사랑으로 그 시각을 끌어올렸고, 그 낮은 본성에 대한 지배권을 주장했다네. 그것이 사람의 생명을 통제하고 있는 한, 그것은 결코 더 낮은 생명의 충동과 주장에 절대로 자신을 넘겨주지 않을 것이네.

참 생명의 뿌리는 믿음이라네… 단지 모호한 믿음이 아니라 예수 그리스도와 그분의 복음에 대한 매우 집중적이고 구체적인 믿음이라네. 사도 바울은 우리에게 복음(믿음의 초점)을 간결하게 정의한다네.

> "형제들아 내가 너희에게 전한 복음을 너희로 알게 하노니 이는 너희가 받은 것이요 또 그 가운데 선 것이라 너희가 만일 나의 전한 그 말을 굳게 지키고 헛되이 믿지 아니하였으면 이로 말미암아 구원을 얻으리라 내가 받은 것을 먼저 너희에게 전하였노니 이는 성경대로 그리스도께서 우리 죄를 위하여 죽으시고 장사 지낸 바 되었다가 성경대로 사흘 만에 다시 살아나사"(고전 15:1-4).

복음에 초점을 맞춘 믿음은 네 가지 요소로 표현된다네.

1. 하나님에 대한 사랑, 2. 타인에 대한 사랑, 3. 순결한 마음, 4. 자기 겸손.

우리는 이 네 가지 필수 요소들을 참 생명의 가지라고 부를 수 있다네. 이 설명이 단순하게 들릴지 모르지만, 사실 이것은 어떤 천사나 사람도 더 훌륭하거나 칭찬할 만한 것을 상상

하거나 말할 수 없을 정도로 은혜로 아름답게 꾸며진 생명의
생생한 묘사라네.

"그 중의 한 율법사가 예수를 시험하여 묻되 선생님 율법 중
에서 어느 계명이 크니이까 예수께서 이르시되 네 마음을 다
하고 목숨을 다하고 뜻을 다하여 주 너의 하나님을 사랑하라
하셨으니 이것이 크고 첫째 되는 계명이요 둘째도 그와 같으
니 네 이웃을 네 자신 같이 사랑하라 하셨으니 이 두 계명이
온 율법과 선지자의 강령이니라"(마 22:35-40).

"오직 주 예수 그리스도로 옷 입고 정욕을 위하여 육신의 일
을 도모하지 말라"(롬 13:14).

믿음은 선천적인 생명 안에서 일을 감지하는 것과 같은 방
식으로 초자연적인 생명 안에서도 작용한다네. 시각과 후각,
촉각과 청각은 우리가 자연 세계와 교감할 수 있게 해주는 것
처럼, 믿음은 우리를 초자연 세계와 교감할 수 있게 해준다네.
그것은 영적인 시각이라네. 믿음으로 우리는 하나님의 진리를
복음으로부터 시작하여 참된 것으로 받아들인다네. 다시 말하
지만, 믿음은 모호하고 확실하지 않은 감정이 아니라, 하나님

이 예수님을 통해 우리에게 자비를 베푸셨다는 확신이라네.
"믿음"은 "십자가에 못박히시고 살아나신 예수 그리스도에 대
한 믿음"을 의미한다네.

"이스라엘과 이방인들에게서 내가 너를 구원하여 그들에게
보내어 그 눈을 뜨게 하여 어둠에서 빛으로, 사탄의 권세에서
하나님께로 돌아오게 하고 죄 사함과 나를 믿어 거룩하게 된
무리 가운데서 기업을 얻게 하리라"(행 26:17-18).

"너희 마음의 눈을 밝히사 그의 부르심의 소망이 무엇이며 성도
안에서 그 기업의 영광의 풍성함이 무엇이며 그의 힘의 위력으
로 역사하심을 따라 믿는 우리에게 베푸신 능력의 지극히 크심
이 어떠한 것을 너희로 알게 하시기를 구하노라"(엡 1:18-19).

참 생명의 네 갈래

나는 친구에게 참 생명의 네 가지 주요 갈래를 간단히 보여
주고자 하네. 지금 내가 하는 모든 일은 참 생명을 묘사하는
것임을 기억하게. 우리는 아직 우리가 하는 일에 대해 말하고

있지 않네! 조금 후에 그들을 좀 더 자세히 살펴보도록 하겠네. 하지만 여기서는 간략하게 설명하겠네.

1. 하나님에 대한 사랑

믿음으로 말미암아, 복음을 믿고 하나님의 사랑의 사실을 깨달았을 때, 그 영혼은 그 자신을 먼저 사랑하시고 … 십자가 위에서 그것을 확증하신(참조. 롬 5:6-8) 하나님께 온전하고 기쁘게 되돌려 드리지 않을 수 없다네. 하나님을 향한 사랑은 믿음의 뿌리에서 나오는 첫 번째 "갈래"라네. 참 생명은 그 생명의 근원을 기쁘시게 하기를 가장 원한다네. 이것은 율법주의가 아니라 믿음으로 받은 하나님의 사랑의 필연적인 결과라네. 마찬가지로, 예수님을 믿는 사람은 예수님과 함께 있고 싶어하지 않을 수 없으며, 참으로 그리스도와 관계 속에서, 믿음으로 동행하기 시작한다네. 더욱이, 그는 예수님을 위하여 고난을 받을 준비가 되어 있고, 그분의 명성을 드높이기 위하여 어떤 일이든지 할 준비가 되어 있다네. 예수님이 그에게 무엇을 하라고 지시하시든 그는 준비가 되어 있다네. 그의 하나님을 사랑하는 믿는 사람의 마음은 하나님이 먼저 자신을 사랑하신 것을 이해하는 데서 출발한다네. 그 사랑은 복음에서 가장 먼저 나타났다네. 그리고 나서 그것은 하나님의 창조와 일, 말씀의 구석구석에서 분명히 드러나는 하나님의 선하심을 모두 포용하도록 성장한다네.

2. 다른 사람에 대한 사랑

그러나 참 생명은 하나님에 대한 사랑으로 끝나지 않는다네. 그럴 수 없다네. 그 사랑은 사람들, 즉 그분의 형상을 지닌 그분의 놀라운 피조물, 그분과 밀접한 관계가 있는 사람들에게 퍼진다네. 인류에 대한 이 사랑은 은총의 초자연적 삶의 두 번째 부분이라네. 다른 사람에 대한 우리의 모든 의무는 단지 "사랑"이라는 주제로 요약될 수 있다네. 은혜로 태어난 예수님을 따르는 사람은 단순히 이웃에게 해를 끼치지 않는 데서 그치지 않고, 그의 내면에는 모든 사람에 대한 사랑이 성장하게 된다네. 그는 다른 사람에게 행한 잘못을 그 자신이 잘못한 것으로 본다네. 이것은 초자연적이라네. 그는 다른 사람을 경멸하고, 과거에 무관심하고, 다른 사람에 대한 모호했던 부정적인 것으로부터 다른 사람에 대한 긍정적인 사랑으로 옮겨갔다네.

3. 마음과 삶의 순결

"순결을 위한 마음"은 무엇을 의미하는가? 그리스도인의 순결은 자아와 자신의 삶을 지배하려는 "낮은" 육체적 충동에 대한 지배에서 시작된다네. 하나님이 은혜의 자녀 안에 심어주신 참 생명에 도움이 되지 않는 그릇된 충동과 욕망이 있다네. 순결은 사악한 행동과 정욕에 대해 기꺼이 "아니오"라고 말하고 하나님의 뜻에 "예"라고 말하는 것이라네. 그리고 거룩은 "낮은" 충동을 통제하는 것 이상으로 용기와 고귀한 선택의 긍정적인 행동으로 그 자체를 나타낸다네 … 그리고 그것은 거룩과 행복으로 이어질 것이네.

"구원을 주시는 하나님의 은혜가 모든 사람에게 나타나 우리를 양육하시되 경건하지 않은 것과 이 세상 정욕을 다 버리고 신중함과 의로움과 경건함으로 이 세상에 살고"(딛 2:11-12).

4. 자기 겸손

겸손은 태도나 행동으로 표현되는 자신의 기본적인 죄에 대한 진정한 의미라네.그러므로 겸손한 사람은 그가 하나님의 넘치고 과분한 은혜와 관대하신 선하심에 모든 것을 빚지고 있음을 이의 없이 기꺼이 인정한다네. 겸손하고 감사하는 사람은 그것이 무엇이든 간에 하나님의 뜻에 곧 그리고 시종일관 따를 것이고, 그렇게 함으로써 세상의 각광과 인정과 그리고 박수를 피할 것이네.

이 네 갈래를 넘어서는 것은 불가능하다네. 바로 지금 영혼 안에 천국이 형성되고 있다네. 이러한 심오한 은혜의 증거를 자신의 마음속에서 찾고 있는 단순히 예수님을 따르는 사람은 그가 하나님께 속해 있다는 증거가 더 이상 필요하지 않다네. 그는 자신이 하나님께로부터 태어난 것을 알기 위해 하나님의 비밀을 발견할 필요가 없다네. 이는 자신의 마음속에서 그 증거를 바로 보기 때문이라네. 하나님에 대한 그의 사랑은 그가 하나님의 사랑을 먼저 받았다는 증거이며, 하나님의 뜻을 행하고 싶어하는 기쁨의 시작은 그 안에서 일어나는 초자연적인 일이 그에게 증거라네. 이제 막 그것이 시작이지만, 그것이 시작됐다는 사실은 천국에서 언젠가는 완성될 것이라는 흔적이자 증거라네.

"너희 안에서 착한 일을 시작하신 이가 그리스도 예수의 날까지 이루실 줄을 우리는 확신하노라"(빌 1:6).

이 점을 염두에 두고, 친구는 왜 누군가 이렇게 말했는지 이해할 수 있다네. "나는 천국으로부터 환상이 나타나거나 내 이름이 생명책에 기록되었다는 내게 알려 주기 위해 보내진 천사보다는, 내 영혼에 계시는 하나님과 같은 본성의 실재하는 흔적을 보는 것이 낫다."

참 생명은 예수 그리스도의 삶에서 가장 잘 보인다

우리가 모든 말을 다하고, 참 생명의 경이로움을 설명하기 위해 최선을 다해도, 깨어 있는 영혼 속에서 하나님이 행하셨고 그리고 행하시고 계시는 일의 깊은 신비는 결코 완전히 설명될 수 없다네. 경험은 우리의 말하는 능력을 뛰어넘는다네.

"내가 측량할 수 없는 주의 공의와 구원을 내 입으로 종일 전하리이다"(시 71:15).

그리스도인의 깊은 곳에서 한 일은 깨어 있는 영혼만이 이해할 수 있는 감각이 있다네. 그것은 깊다네. 그것은 관계적이라네. 그것은 개인적이라네. 그것은 초자연적인 것이라네. 깊이는 깊이를 부른다네. 그것은 무한하신 하나님의 복음의 경이로움과 그분의 성령의 역사를 통해 그분의 형상으로 창조된 사람의 내면의 생명과 관련이 있다네.

설명할 수 없는 것이 어느 날보다 어떤 일을 더 많이 하는가에 의해 더 잘 보이고 이해될 수 있는 감각이 있다네. 삶의 모든 문제들이 속, 즉 사람의 마음으로부터 흘러나온다는 것을 기억하면서, 살아온 사람의 삶은 아마도 그의 은밀한 삶을 달리 알 수 있는 것보다 더 생생한 표현일 것이네.

"모든 지킬 만한 것 중에 더욱 네 마음을 지키라 생명의 근원이 이에서 남이니라"(잠언 4:23).

"못된 열매 맺는 좋은 나무가 없고 또 좋은 열매 맺는 못된 나무가 없느니라 나무는 각각 그 열매로 아나니 가시나무에서 무화과를, 또는 찔레에서 포도를 따지 못하느니라 선한 사람은 마음에 쌓은 선에서 선을 내고 악한자는 그 쌓은 악에서 악을 내나니 이는 마음에 가득한 것을 입으로 말함이니라"(눅 6:43-45).

마음의 은혜는 삶의 행동으로 가장 잘 측정될 수 있다네. 이것에 대한 최상의 분명한 예는 우리 주 예수님이시라네. 그분의 삶이 그분이 가르치신 것을 예시하셨네. 그분은 다른 사람들에게서 보시기를 원하셨던 삶을 그분은 그들 앞에서 사셨다네. 그분은 그분의 말씀과 그분의 행동 사이에 모순이 없으셨다네. 참 삶을 살았다면, 그것은 예수님 안에서 살았다는 것이네. 이 비천한 세상은 실제로 예수 그리스도의 인격과 삶의 완전하심으로 은혜를 입었다네.

"말씀이 육신이 되어 우리 가운데 거하시매 우리가 그의 영광을 보니 아버지의 독생자의 영광이요 은혜와 진리가 충만하더라"(요 1:14).

"...나는 그에게서 죄를 찾지 못하였노라"(빌라도가 예수님에 대해서, 요 19:6).

"우리는 우리가 행한 일에 상당한 보응을 받는 것이니 이에 당연하거니와 이 사람이 행한 것은 옳지 않은 것이 없느니라"(강도가 예수님에 대해서, 눅 23:41).

"하나님이 죄를 알지도 못하신 이를 우리를 대신하여 죄로 삼으신 것은 우리로 하여금 그 안에서 하나님의 의가 되게 하려 하심이라"(고후 5:21).

"우리에게 있는 대제사장은 우리의 연약함을 동정하지 못하실 이가 아니요 모든 일에 우리와 똑같이 시험을 받으신 이로되 죄는 없으시니라"(히 4:15).

그럼, 시간을 갖고 우리 주 예수님 안에 있는 참 생명의 네 가지 갈래에 대해 알아보세. 그리고 용기를 내게! 성경에서 예수님을 보는 것은 우리를 그분의 형상으로 변화시킨다네.

"우리가 다 수건을 벗은 얼굴로 거울을 보는 것 같이 주의 영광(성경에 계시된 대로)을 보매 그와 같은 형상으로 변화하여 영광에서 영광에 이르니 곧 주의 영으로 말미암음이니라"(고후 3:18).

하나님에 대한 사랑은 참으로 예수님 안에서 보인다

예수 그리스도께서는 그분의 아버지께 대한 참 사랑으로 가득차 있으셨으며, 이것은 아버지의 뜻을 행하고자 하시는 그분의 지속적인 열망에서 입증되었다네. 하나님에 대한 사랑으로 불타는 마음은 그분의 아버지의 목적에 기꺼이 따르셨다네. 그분은 아버지의 뜻을 행하는 것이 그분의 양식, 즉 그것이 그분의 내면의 생명을 먹이고 유지하는 것이라고 말씀하셨다네. 예수님의 일생 동안 그분은 어린 시절에도 그분의 아버지의 일을 하는 데 종사하셨다네.

"예수께서 이르시되 어찌하여 나를 찾으셨나이까 내가 내 아버지 집에 있어야 될 줄을 알지 못하셨나이까 하시니 그 부모가 그가 하신 말씀을 깨닫지 못하더라"(눅 2:49-50).

요한복음 4장에서 사마리아 여자와 그분의 만남에 대해서 생각해 보게. 그분은 그분의 길을 가시다가 그녀를 만나셨다네. 그분은 그분의 아버지가 그분을 아실 만한 곳에 계시는 한 배고프고, 약하고, 피곤해도 행복하셨다네. 그분의 제자들이 먹을 것을 가지러 간 동안에, 그분은 그 가엾고 비탄에 잠긴 여자와 멋진 약속을 하셔서 기분이 상쾌해지셨다네.

"그 사이에 제자들이 청하여 이르되 랍비여 잡수소서 이르시

되 내게는 너희가 알지 못하는 먹을 양식이 있느니라 제자들
이 서로 말하되 누가 잡수실 것을 갖다 드렸는가 하니 예수께
서 이르시되 나의 양식은 나를 보내신 이의 뜻을 행하며 그의
일을 온전히 이루는 이것이니라"(요 4:31-34).

그분은 물을 달라고 청하시면서 그녀와 함께 시간을 보내셨
지만, 그분은 그분의 아버지의 뜻을 행하시는 것이 그분을 만
족시키셨다고 선언하심으로 마치셨다네. 예수님이 하나님의
뜻을 행하시는 것은 분명히 최고의 기쁨이셨다네. 그것이 즐
거우시든 어렵든 간에, 예수님은 인내심이 강하시고 부지런하
셔서, 그분의 아버지께서 그분께 원하시는 것은 무엇이든지
하실 수 있으셨다네.

예수님의 인내를 그분의 아버지께 대한 사랑의 표현
으로 간주하라

예수님보다 참을성 있게 견뎌야 하는 사람은 상상하기 어려
울 것이네. 세상에서 그분의 전 생애는 아무도 경험하지 못한
정도의 겸손과 굴욕이셨다네.

"너희 안에 이 마음을 품으라 곧 그리스도 예수의 마음이니 그는 근본 하나님의 본체시나 하나님과 동등됨을 취할 것으로 여기지 아니하시고 오히려 자기를 비워 종의 형체를 가지사 사람들과 같이 되셨고 사람의 모양으로 나타나사 자기를 낮추시고 죽기까지 복종하셨으니 곧 십자가에 죽으심이라"(빌 2:5-8).

그러나 예수님이 분개하시는 생각을 하셨거나 불평하시는 말씀을 하신 적이 있으셨다는 기록은 없다네. 이상하게도 광신적이시거나 감정이 없으시거나 금욕적이지도 아니신 시종 그분은 완전히 인간적이셨다네. 그분은 다른 모든 사람들과 같은 한계의 감각과 감정을 갖고 계셨고, 아마도 더 두드러지셨을 것이네. 이는 그분의 전인격이 죄에 영향을 받지 않으시고 제한받지 않으셨기 때문이네. 분명히 그분은 십자가에서 그분을 기다리고 있는 고통을 충분히 의식하시며 사셨다네. (예를 들어, 그분은 십자가가 그분 앞에 곧 닥칠 것처럼 보일 때, 겟세마네에서 실제로 피땀을 흘리셨던 경우를 기억하게.) 그럼에도 불구하고 그분은 그분의 아버지의 뜻에 전적으로 복종하셨다네.

겟세마네에서 예수님은 가능하시다면, 그분의 아버지께서 그것을 원하신다면, 우리의 죄에 대한 하나님의 진노의 잔이 그분으로부터 지나가기를 기도하셨을 때, 예수님은 아버지의 뜻에 완전히 복종하셔서 기도를 이렇게 결론지으셨다네. "내 원대로 마시옵고 아버지의 원대로 되기를 원하나이다." 그날 밤까지도 예수님은 우리에게 그분의 영혼의 고뇌를 보여주시기 시작하셨다네.

"지금 내 마음이 괴로우니 무슨 말을 하리요 아버지여 나를 구원하여 이 때를 면하게 하여 주옵소서 그러나 내가 이를 위하여 이 때에 왔나이다"(요 12:27).

이 말씀은 얼마나 중요했고 (그리고) 중요한가! 이 말씀은 우리 주 예수님의 마음과 생각을 너무나 많이 드러낸다네. 이 말씀은 언뜻 보기에 망설이는 모습을 보이지만, 예수님이 정말로 그분 앞에 있었던 현실과 씨름하시고 있으셨다는 것을 확실히 보여준다네. 그분의 결심은 다음과 같은 선언과 함께 곧 굳어졌다네. "아니다(!) 내가 이 시간에 온 것은 이런 이유 때문이다."

우리는 감히 예수님이 겟세마네에서 그분의 아버지의 뜻과 씨름하시는 동안, 비난받을 만하시거나 약하셨다고는 생각할 수 없다네. 우리가 복음서의 자세한 이야기를 읽을 때, 그것은 예수님은 항상 그분의 목적과 운명을 알고 있었다는 것이 시종 명백하다네. 그분은 그분의 아버지의 십자가나 구속의 뜻에 놀라지 않으셨다네. 그러나 겟세마네 씨름 그리고 요한복음서의 앞부분의 말씀은 우리에게 무게, 즉 상상도 할 수 없는 무게를 예수님 자신이 짊어지실 것을 알고 계셨다고 말씀한다네. 여기 십자가에 대한 이해할 수 있는 공포가 있었다네. 어떻게 없을 수가 있겠는가? 그러나 그분이 죄인들을 위해 죽으시는 것이 그분의 아버지를 영화롭게 해드릴 것이라는 것을 아시고, 하나님의 뜻을 행하시고자 하는 마음, 두려움보다 더 깊은 열망이 있으셨다네.

아버지께 대한 예수님의 사랑을 표현하신 기도

예수님의 그분의 아버지에 대한 사랑은 그분의 기도 생활에서도 입증되었다네. 이것을 생각해 보게. 우리에게 억지로 기도하게 하도록 하는 경향이 있는 두 가지, 고백해야 할 죄와 세상의 염려는 예수님께는 없었다네. 그러나 우리는 그분이 아침 일찍 일어나셔서 그분의 아버지와 함께 시간을 보내시고, 밤새도록 그분의 아버지와 교제하시고 기도하시는 것을 볼 수 있다네. 나는 그분의 아버지와 함께 시간을 보내시는 것이 그분의 기쁨이었다고 쉽게 추론할 수 있다고 생각하네. 진정한 의미에서 그분의 일생은 그분의 아버지께 기도였고, 연속된 헌신과 천국과 친교였다네. 이스라엘 성전에 있는 제단과 같이, 희생제물을 드리지 아니할지라도 그 불은 여전히 살아서 타오르고 있었다네. 우리 주 예수님은 우리가 우리의 하늘 아버지와 함께 시간을 보내기 전에 우리가 극복해야 할 그토록 자주 우리를 방해하는 그런 냉담한 정신의 지배를 받지 않도록 주의하신 것 같네.

"나를 보내신 이가 나와 함께 하시도다 나는 항상 그가 기뻐하시는 일을 행하므로 나를 혼자 두지 아니하셨느니라... 예수께서 이르시되 하나님이 너희 아버지였으면 너희가 나를 사랑하였으리니 이는 내가 하나님께로부터 나와서 왔음이라 나는 스스로 온 것이 아니요 아버지께서 나를 보내신 것이니라"(요 8:29, 11:42).

"새벽 아직도 밝기 전에 예수께서 일어나 나가 한적한 곳으로 가사 거기서 기도하시더니... 이 때에 예수께서 기도하시러 산으로 가사 밤이 새도록 하나님께 기도하시고"(막 1:35, 눅 6:12).

사람을 사랑하시는 그분의 마음

친구가 그것을 생각해 보면, 친구가 예수님의 복음서 이야기를 읽을 때, 친구가 예수님이 다른 사람에 대한 사랑에 끌리지 않으셨거나, 아무튼 그 사랑을 나타내지 않으신 것은 어떤 것도 볼 수 없을 것이네. 예수님은 단순히 가족과 친구들을 사랑하셨을 뿐만아니라 그분의 사랑과 연민을 멀리까지 표하셨다네. 그분의 기적들을 생각해보게. 그것들은 단지 그분의 능력을 보여주는 것이 아니라, 그분의 사랑을 표하시는 것이기도 했다네. 그렇다네, 그들은 그들을 보았던 사람들을 놀라게 했지만, 더군다나 기적은 그들을 받은 사람들에게 축복을 주었다네. 그분은 제자 요한과 깊은 사랑과 우정이 있으셨지만, 사람에 대한 그분의 사랑을 단지 이 깊은 우정에 국한시키지 않으셨다네. 그분은 그분의 사랑과 친교의 따뜻한 영향권에 있는 모든 사람들을 다정하게 맞이하셨다네.

"수고하고 무거운 짐 진 자들아 다 내게로 오라 내가 너희를 쉬게 하리라 나는 마음이 온유하고 겸손하니 나의 멍에를 메고 내게 배우라 그리하면 너희 마음이 쉼을 얻으리니"(마 11:28-29).

"사람이 친구를 위하여 자기 목숨을 버리면 이보다 더 큰 사랑이 없나니 너희는 내가 명하는 대로 행하면 곧 나의 친구라"(요 15:13-14).

"대답하시되 누가 내 어머니이며 동생들이냐 하시고 둘러 앉은 자들을 보시며 이르시되 내 어머니와 내 동생들을 보라 누구든지 하나님의 뜻대로 행하는 자가 내 형제요 자매요 어머니이니라"(막 3:33-35).

예수님은 결코 어느 누구도 쫓아내지 않으셨다네. 그분은 그분의 아버지께 그렇게 하지 않으시겠다고 약속하셨다네! "아버지께서 내게 주시는 자는 다 내게로 올 것이요 내게 오는 자는 내가 결코 내쫓지 아니하리라"(요 6:37). 누구든지 순수한 목적으로 왔다면 예수님은 그를 받아들이셨다네. 그분은 교만하고 독선적인 사람에게는 강하셨지만 겸손하고 낙담한 사람은 기꺼이 얼싸안으셨다네. 기록상으로 예수님께 와서 슬퍼하며 떠났던 유일한 사람은 참된 생명을 얻기 위해 그의 개인적인 재산의 우상을 포기하고 싶지 않았던 부자 청년(막 10장)이었다네. 성경은 예수님이 부자 청년을 사랑하셨다고 우리에게 주의 깊게 말씀한다네. 그뿐인가, 예수님은 그를 사랑하시고 그를 쫓아내지 않으셨고, 그와 특별한 흥정을 시도하지 않으셨고, 어떻게든 그 사람이 자신의 우상을 지키고 참된 생명을 얻을 수 있도록 해주려고 하지 않으셨다네.

그분의 온유하심에 나타난 그분의 사랑의 증거는 어떨까! 배신자 유다가 군인들에게 예수님을 배신했을 때, 예수님이 유다에게 하신 말씀은 "입맞춤으로 인자를 팔려고 하느냐"라고 하신 것뿐이었다네. 그분은 심지어 납치범들 중 한 명의 잘린 귀까지 치유하셨다네! 게다가, 그분은 그분의 사랑을, 심지어 그분의 적들을 위해서라도, 그분의 생명을 십자가에... 기꺼이 내려 놓으신 것보다 얼마나 더 증명할 수 있으셨을까? 그분은 피를 흘리시면서도 그분의 아버지께서 그들을 용서해 주시도록 십자가에 못 박힌 사람들을 위해 기도하셨다네. 그것은 사랑이었다네! 그들이 예수님을 피를 흘리시게 한 바로 그 피는 그들의 죄를 속죄하는 피였다네.

예수님의 순결

참 생명의 세 번째 주요 특성은 마음과 행동의 순결이라네. 순결은 이 타락한 세상의 비뚤어진 쾌락에 "아니오"라고 말하는 진정한 열망과 오는 세상의 순수한 기쁨의 추구를 함축하고 포함하고 있다네. 순결은 하나님의 뜻을 행하는 데서 여기에서 기꺼이 고통을 받을 것이네.

예수님은 쾌락을 그 자체로 추구하는 죄에 대해 죽으셨다네. 우리는 쾌락을 위해 쾌락을 추구하시는 그분에 대해 읽어 본 적이 없다네. 결혼의 기쁨을 생각해 보게. 예수님은 결혼식에 참석하시고, 그분이 참석하심으로 결혼식의 가치를 향상시키시고 아낌없이 주어지는 최고의 포도주를 가져오는 것을 기뻐하셨다네(요 2:1-12). 그러나 그분 자신은 결혼의 기쁨이나 부부의 인연의 기쁨을 결코 알지 못하셨다네. 그분은 결혼을 다른 사람들에게 금지하지는 않으셨지만, 그분은 자신은 결혼을 인정하지 않으셨다네. 마찬가지로, 그분은 다른 사람들을 위해 최고의 포도주를 대량으로 공급할 수 있으셨지만, 그분 자신의 만족을 위해 돌 하나도 빵으로 만들지 않으셨다네. 그분은 너무나 은혜로 충만하셔서, 비록 그분이 그들을 그분 자신께는 부정했다 하더라도, 다른 사람들에게 그들의 더 큰 필요(죄로부터의 구원)뿐만 아니라 더 적은 필요도 기꺼이 공급하셨다네.

우리가 예수님의 탄식과 눈물과 신음 소리를 읽는 동안, 예수님이 "성령을 통해 기쁨으로 충만하셨다"는 기록은 있지만, 그분의 웃음에 대한 기록은 없다네(눅 10:21). 이사야서에서 예언적으로 말씀한 "간고를 겪고, 질고에 익숙한 분"이시라는 것이 사실임을 증명했다네(사 53:3).

예수님은 그분이 원하셨다면 상상 가능한 더 쉽고 편안한 삶을 유지하실 수 있으셨을 것이네. 그분은 물고기 몇 마리로 수천 명을 먹이실 수 있으시고 물고기의 입에서 세금을 찾으시고 어부의 그물이 꽉 차게 하실 수 있는 분이시라네. 그분은 쉽게 세상에서 가장 부유한 분이 될 수 있으셨고 군대를 일으켜 로마를 순식간에 소멸시킬 수도 있으셨다네. 그러나 그분의 평생 모든 면에서 순결한 삶을 사셨던 그분은 그분의 자신의 "자아" 만족을 위해 아무것도 하지 않으셨다네. 여기 만물의 창조주이신 우주의 주인이 계시는데, 그분은 우리가 경멸하는 것(겸손과 순결)을 너무나 존중하셔서 그분 자신의 탄생을 위해 아기집을 빌려야 하셨고, 설교 예화를 위한 동전, 그리고 그분 자신의 매장을 위한 무덤을 빌려야 하셨다네! 그분은 지나치게 열성적인 잠재적 추종자에게 머리를 눕힐 곳이 없다고 경고하셨다네.

그분은 사교적인 분이 아니셨다네. 그분의 동료들은 어부와 노동자였다네. 그분은 귀족들과 능력이 있고 영향력 있는 것으로 여겨지는 사람들과 함께 하지 않으셨고, 세금 징수원과 매춘부와 함께 교제하셨다네. 그분의 올바른 가치는 세상의 가치를 거꾸로 뒤집었다네. 그분의 사교적인 계층은 이 세상의 식견 있는 사람들에게 수치였다네.

"예수께서 대답하여 이르시되 너희가 가서 듣고 보는 것을 요한에게 알리되 맹인이 보며 못 걷는 사람이 걸으며 나병환자가 깨끗함을 받으며 못 듣는 자가 들으며 죽은 자가 살아나며 가난한 자에게 복음이 전파된다 하라 누구든지 나로 말미암아 실족하지 아니하는 자는 복이 있도다 하시니라"(마 11:4-6).

목수의 아들, 그분은 귀족이 아니라 이 세상의 단순한 방식에 걸맞는 방식으로 사셨다네. 이것은 우리가 참된 삶의 네 번째 부문에 대해 생각하게 한다네.

예수님의 겸손

예수님은 겸손을 배우라고 우리를 초대하신다네. 상상해 보게! 하나님의 아들은 그분 자신을 "마음이 온유하시고 겸손하시다"고 평하신다네." 만왕의 왕은 겸손한 종이시라네. 우리는 하늘의 경이로움에서 땅의 몰락한 사람의 모습까지(참조. 빌 2:5-11) 예수님의 무한하신 겸손을 생각할 수 있다네. 그러나 이제 주 예수님께서 우리 가운데 계실 때 어떻게 사셨는지 생각해 보세.

너무나 자주, 심지어 우리 중 최고라도, 우리를 겸손하게 하는 것은 죄악과 불완전함이라네. 그러나 예수님은 우리처럼 모든 면에서 시험을 받으시면서도 결코 죄를 짓지 않으셨다네. 예수님을 겸손하시게 한 것은 죄가 아니었다네. 예수님을 겸손하시게 한 것은 하나님의 완전하심에 대한 깊고 지속적인 감각이셨다네. 완전하신 하나님이시며 완전하신 사람이신 예수님의 신비 속에서, 예수님은 하나님의 위대하심 앞에서 그분의 왜소(矮小)하심을 올바르게 그리고 항상 인식하셨다네. 의심할 여지 없이, 그분은 그분 자신 안에서 발견하신 모든 선한 것들을 하나님의 은혜로운 선물로 알고 계셨다네.

친구는 마가복음에서 예수님이 그 청년에게 하신 의외의 반응을 달리 어떻게 설명할 수 있는가? 그 사람이 예수님을 "선한 선생님"이라고 불렀을 때를 기억하는가? 분명히 이 청년은 예수님이 하나님이시며 사람이시라는 사실을 모르고 예수님의 인성에 대해 말하고 있었다네. 예수님은 자신의 인성으

로 대답하셨다네: "네가 어찌하여 나를 선하다 일컫느냐 하나님 한 분 외에는 선한 이가 없느니라"(막 10:18). 그것은 마치 예수님께서 그 청년에게 이렇게 말씀하시는 것 같았다네: "네가 나를 사람이라고 하였으니 내가 사람으로 네게 대답하겠노라. 하나님에 비하면 사람은 눈여겨볼 가치도 없고, 스스로 선함이 없느니라. 영원하고 본질적으로 선하신 분은 오직 하나님 한 분이니라."

예수님은 결코, 단 한 번도, 그분 자신을 과시하거나 홍보하시기 위해 그분의 신적인 능력을 남용하지 않으셨다네. 그분은 하늘의 표적으로 다른 사람의 호기심을 만족시키지 않으실 것이네. 그분은 성전에서 뛰어내리셔서 사람들이 놀라서 그분을 믿게 하지 않으셨다네. 그분의 형제들이 예루살렘에 가셔서 대중에게 공개하시고 그분의 노출을 늘리라고 조언했을 때, 그분은 그들의 세속적인 현명한 조언에 말려들지 않으셨다네. 그분은 세속적인 방법으로 그분의 존재를 늘리실 수 있으셨지만, 그분이 그분의 기적을 숨기신 것은 그분의 겸손함이셨다네. 그분이 기적을 공개하셨을 때, 그분의 동기는 하나님이 영광을 받으시는 것이었고. 그분은 모든 명성과 공로를 그분의 아버지께 돌리는 것을 기뻐하셨다네.

"그러므로 예수께서 그들에게 이르시되 내가 진실로 진실로 너희에게 이르노니 아들이 아버지께서 하시는 일을 보지 않고는 아무 것도 스스로 할 수 없나니 아버지께서 행하시는 그 것을 아들도 그와 같이 행하느니라"(요 5:19).

"내가 아무 것도 스스로 할 수 없노라 듣는 대로 심판하노니 나는 나의 뜻대로 하려 하지 않고 나를 보내신 이의 뜻대로 하려 하므로 내 심판은 의로우니라"(요 5:30).

"이에 예수께서 이르시되 너희가 인자를 든 후에 내가 그인 줄을 알고 또 내가 스스로 아무 것도 하지 아니하고 오직 아버지께서 가르치신 대로 이런 것을 말하는 줄도 알리라"(요 8:28).

"예수께서 대답하시되 내가 내게 영광을 돌리면 내 영광이 아무것도 아니거니와 내게 영광을 돌리시는 이는 내 아버지시니 곧 너희가 너희 하나님이라 칭하는 그이시라"(요 8:54).

참 겸손을 확실히 이해하는 가장 좋은 방법은 예수님의 삶을 공부하는 것이라네. 우리는 여기에 끝없는 예를 포함할 수는 없지만 다음을 고려하게. 그들은 그분을 왕으로 삼기 위해 왔지만, 그분은 거절하셨다네(요 6:15). 정말 이것에 대해 생각해 보게! 열성적인 수천 명의 사람들이 우리를 부추긴다면 우리 중 얼마나 많은 사람이 그러한 욕망에 저항할 것인가? 어렸을 때, 그분은 기꺼이 그분 자신의 세상의 부모님께 복종하셨다네(눅 2:51). 그들은 죄가 있었지만 그분은 죄가 없으셨다네. 그러나 순종적인 겸손으로 그분은 그들에게 그분 자신을 복종시키신다네. 그분의 일생은 겸손의 위대한 기록 중 하나라네. 예수님, 영원하신 하나님의 아들은 단지 티끌의 피조물 앞에서 겸손하시다네.

우리가 더 나아가기 전에 기도할 필요가 있다

우리는 참 생명을 찾고 있네. 앞으로 나아가기 전에 우리의 마음과 영으로 그것을 기도하세.

"무한하시고, 영원하시고, 위엄이 있으시고 모든 생명과 행복이 끊임없이 흐르는 원천이신 주 하나님! 우리는 아주 작고, 죄 많은 티끌의 피조물들은 당신과 당신이 주시는 참 생명에 대해 거의 모르나이다. 우리는 예수님과 그분의 복음에 대해 쉽게 말하지만, 우리 가운데 실제로 참 생명을 소유하고 당신의 길의 경이로움을 이해하는 사람은 거의 없나이다. 우리는 초자연적인 은혜의 증거로서 우리의 선천적인 감정과 단순한 자기애를 너무나 쉽게 혼동하고, 우리의 본성이 아닌 오직 당신의 은혜만이 우리를 당신의 시각에서 받아들일 수 있게 하시나이다.

우리가 얼마나 오랫동안 참 생명과는 거리가 멀게 당신과 당신의 길을 무시하고 처신해왔는지 생각할 때 우리의 마음이 찢어지나이다. 수년간 우리는 그림자에 만족했고, 그 실체를 완전히 놓쳤나이다. 그러나 이제 우리는 당신이 그리스도 안에 있는 생명의 길을 보기 시작하도록 당신의 자비로 우리의 눈을 여신 것을 우리 마음에 너무나 감사하고 큰 기쁨이 있나이다. 당신은 우리를 변화시키실 수 있으시고 변화시키시고 계시나이다! 당신은 사실 우리에게 당신의 본성, 즉 단지 인간인 우리 안에 하나님의 생명인 참 생명을 주시고 계시나이다.

주 하나님! 우리가 얼마나 당신의 무한하신 자비에 대해 당신을 송축하는지요! 우리 가운데 계신 당신의 아들, 예수님이 친히 우리와 동행하셨나이다. 우리의 죄를 위해 죽으신 분은 먼저 그분의 완벽한 삶을 통해 우리에게 참 삶, 즉 당신에 대한 사랑, 다른 사람에 대한 사랑, 마음의 순결, 인격의 겸손이 무엇인지 보여주셨다네. 이제 주여! 우리의 죄를 짊어지신 바로 그분의 본성을 우리 안에도 형성하소서. 우리의 비천한 자아 안에 그리스도가 친히 형성되실 때까지 우리가 당신께 밀어붙이는 것을 멈추지 않도록 모든 은총을 베풀어 주소서.

당신의 영광과 우리의 선을 위하여. 아멘!

제2부

참 생명의 경이로움과 복

제2부

참 생명의 경이로움과 복

이해하는 것이 추구(追求)에 동기를 부여할 것이다

나는 친구가 서두르고 싶어 하는 것을 알고 있네. 그래서 친구에게 이 삶을 어떻게 이해해야 하는지 말해 주겠네. 친구에게 나의 좋은 소식은 친구가 열망한다는 사실이 하나님이 친구 안에 이 생명을 탄생시키셨다는 확실한 증거라는 것이네. 인내하게, 나의 사랑하는 친구여. 우리는 참 생명의 본질을 살펴보았네. 우리가 계속 진행하기 전에, 참 생명의 경이로움과 축복을 생각해 보는 것이 도움이 될 것이네. 그렇게 한다면, 우리는 그 생명을 추구하고 주님께서 우리를 위해 계획하신 모든 복을 얻기 위해 필요한 모든 방법으로 자신을 훈련하려는 동기가 더욱 커질 것이네.

그러나 처음부터 고백해야 할 것은 참 생명이 가져다주는 기쁨과 충만함은 말로 표현할 수 없다는 것이네. 진정한 의미에서, 신부와 신랑만이 서로에 대한 사랑의 본질과 그것이 가져오는 특별한 기쁨을 진정으로 이해할 수 있는 것처럼 그것을 경험한 사람만이 그것을 이해할 수 있다네.

참 생명(그리고 우리는 거룩함이라는 단어를 사용할 수 있으며 여기에서 하나님을 알고 즐거워하기 위해 구별됨)이 우리가 창조된 목적임을 분명히 해야 한다네. 죄는 영혼과 존재 전체에 병을 가져온다네. 거룩한 영혼은 건강한 영혼이라네. 죄에 휩싸인 영혼은 병들어서 그것이 창조된 충만함을 느낄 수 없다네. 죄 많은 영혼은 피곤하고 요동하며 안절부절못한다네. 예수 그리스도께서 복음을 통해 생명을 가져오실 때 병이 제거되고, 온전한 사람으로 회복된다네. 지성은 무엇이 좋은지 보고 이해할 수 있고, 의지는 그것을 선택하고 받아들일 수 있다네. 더 이상 호색에 얽매이지 않고 보고 느낄 수 있는 것에 예속되지 않은 마음은 이제 하나님과 영원한 가치와 가치의 영향을 받는 자유를 누리게 되었다네. 완전한 변화가 있다네.

하나님을 향한 사랑의 가치

우리의 초점을 좁혀야 할 때이네. 우리는 참 생명의 주요 부문(하나님에 대한 사랑, 타인에 대한 사랑, 순결함, 겸손함)을 살펴보았네. 이제 가장 중요한 것에 대한 더 깊은 이해에 주의를 기울이도록 하세. 참 생명은 피조물의 영혼과 창조주의 영혼의 결합이라네. 그것은 하나님께 그 기원을 두고 우리를 향해 흐르지만(창조주에서 피조물로), 그 다음 그 근원이신 하나님께로 돌아가는 사랑의 결합이라네(피조물에서 창조주께로).

"사랑은 여기 있으니 우리가 하나님을 사랑한 것이 아니요 하나님이 우리를 사랑하사 우리 죄를 속하기위하여 화목제물로 그 아들을 보내셨음이라"(요일 4:10).

"우리가 사랑함은 그가 먼저 우리를 사랑하셨음이라"(요일 4:19).

영혼에 사랑보다 더 강력한 힘은 없다네. 우리의 마음 즉, 애정은 우리 삶의 진로와 방향을 결정한다네. 우리의 행복(또는 불행)은 우리의 사랑의 본질과 대상에 직접적으로 의존한다네. 모든 사람은 예외 없이 그가 사랑하는 것과 같이 된다네. 그러므로 친구의 영혼의 건강과 안녕은 친구가 가장 사랑하는 것의 가치에 의해 결정되고 측정된다네. 만약 친구가 더럽고 불순한 것들을 사랑한다면, 친구는 더럽고 불순한 것이 될 것이네. 그러나 만약 친구가 의도적으로 고귀하고 선한 것(예수 그리스도보다 더 고귀하고 선한 것이 무엇이 있겠는가?)에 애정을 둔다면 친구의 영혼, 즉 친구의 바로 그 존재의 깊이는 건강하게 자라서 그 사랑의 대상처럼 될 것이네.

우리가 가장 사랑하는 것을 닮는다는 것을 발견하는 것은 놀라운 일이 아니라네. 그것은 항상 자연계에서 일어난다네. 친구들은 그들이 함께 시간을 보낼수록 점점 닮아간다네. 남편과 아내는 세월이 흐르고 서로에 대한 그들의 애정이 커지면서 놀랄 만큼 비슷하게 닮아간다네. 그들은 심지어 서로의 행동, 말, 심지어 생각까지도 예상하며 서로를 닮는 것 같네. 몸짓, 목소리의 억양, 의견은 같은 형태를 취한다네. 그러나 우리 중 가장 선한 사람이라 할지라도 속속들이 선한 사람은 없으며 우리 모두는 선과 악이 혼합되어 있기 때문에 우리는 사랑하는 사람들의 선뿐만 아니라 게다가 악도 취하는 것을 따른다네. 우리가 다른 사람을 사랑할 때, 우리는 종종 그리고 쉽게 그들의 결점을 보지 못하기 때문에 우리가 평소에 피했던 특성을 인정하고 곧 그것을 본받는 우리 자신을 발견하게 된다네.

우리의 영혼에 건강과 생명을 불어넣는 가장 확실한 방법은 가장 고귀한 것에 우리의 애정을 고정시키는 것을 배우는 것임을 여기서 알 수 있다네. 하나님 자신보다 더 고귀하고 놀라운 것이 없기 때문에 우리가 무엇보다 그분을 사랑할 때 분명히 우리의 전 존재는 더 좋게 변화된다네.

"우리가 다 수건을 벗은 얼굴로 거울을 보는 것 같이 주의 영광을 보매 그와 같은 형상으로 변화하여 영광에서 영광에 이르니 곧 주의 영으로 말미암음이니라"(고후 3:18).

"그러므로 너희가 그리스도와 함께 다시 살리심을 받았으면 위의 것을 찾으라 거기는 그리스도께서 하나님 우편에 앉아 계시느니라 위의 것을 생각하고 땅의 것을 생각하지 말라 이는 너희가 죽었고 너희 생명이 그리스도와 함께 하나님 안에 감추어졌음이라 우리 생명이신 그리스도께서 나타나실 그 때에 너희도 그와 함께 영광 중에 나타나리라"(골 3:1-4).

그리스도께서 그를 붙드신 모든 것을 붙잡고자 하는 진지하고 간절한 소망을 갖고 그러므로 자신의 생각과 애정을 하늘을 향하여 높이려고 자신을 훈련하는 사람은 자연 세계가 알 수 없는 생명이 그 안에서 자라는 것을 발견하게 될 것이네. 틀림없이 뒤따르는 것들은 틀림없이 그의 애정이 바뀔 것이네. 그를 사로잡던 것들이 더 이상 그를 사로잡지 않을 것이네. 그는 그가 그의 옛 사랑이 그의 새롭고, 경이롭고, 천상적인 사랑을 대체하는 것을 원치 않는다는 것을 점점 더 알게 될 것이네.

우리의 모든 애정, 감정, 충동 중에서 사랑은 가장 위대하다는 것을 기억하게. 우리는 사랑의 주인이라고 말할 수 있는 의식이 있다네. 이는 사랑의 대상을 결정하는 것은 우리이기 때문이라네. 그러므로 우리의 가장 큰 선물인 우리의 사랑을 가치 없는 대상에게 주는 것은 어리석고 죄스러운 일이라네.

우리는 우리의 애정의 책임자로 우리 자신을 보아야 한다네 (자신을 애정의 동정으로 여기는 것은 매우 유혹적이지만 잘못된 것이라네.). 어떤 의미에서 우리의 사랑은 우리가 진정으로 소유하고 있는 유일한 것이며 우리에게 빼앗아 갈 수 없다네. 일단 친구가 친구의 사랑을 주고 나면, 다른 모든 선물들은 갖추어져 따라간다네. 우리가 우리의 사랑이라는 더 큰 선물을 주면 더 작은 선물도 거부할 수 없다네.

그리스도를 최고로 사랑한다는 것은 고난과 상실을 요구하는 것까지도 제자도의 모든 하위 측면을 가능하게 하는 것이라네. 사랑은 우리가 드릴 수 있는 가장 큰 선물이며, 하나님은 우리의 가장 큰 선물을 받으시기에 가장 합당하시다네. 어딘가 다른 곳에 이 사랑을 주는 것은, 내가 하나님 이외의 어떤 것을 가장 사랑한다는 것을 의미하기 때문에, 우리 자신과 우리의 사랑, 그리고 하나님을 비하하는 것이라네. 그리스도를 최고로 사랑하는 것은 그리스도인의 삶의 모든 작은 측면을 가능하게 한다네. 그리스도를 대신하여 다른 것을 사랑하는 것은 전체 그리스도인의 삶을 불가능하게 만든다네.

예수님이 우리에게 두 주인을 섬기려고 하지 말라고 경고하실 때(마 6:24), 그 경고의 참뜻은 다른 어떤 것과 함께 하나님을 지극히 사랑하려고 하는 헛된 노력에 적용된다네. 당신의 삶에는 단 하나의 최고의 사랑이 있을 수 있는 여지가 있다네. 친구의 삶에는 오직 하나의 최고의 사랑을 위한 공간이 있다네.

"선생님 율법 중에서 어느 계명이 크니이까 예수께서 이르시되 네 마음을 다하고 목숨을 다하고 뜻을 다하여 주 너의 하나님을 사랑하라 하셨으니 이것이 크고 첫째 되는 계명이요 둘

째도 그와 같으니 네 이웃을 네 자신 같이 사랑하라 하셨으니
이 두 계명이 온 율법과 선지자의 강령이니라"(마 22:36-40).

"한 사람이 두 주인을 섬기지 못할 것이니 혹 이를 미워하고
저를 사랑하거나 혹 이를 중히 여기고 저를 경히 여김이라 너
희가 하나님과 재물을 겸하여 섬기지 못하느니라"(마 6:24).

　우리는 종종 사랑을 실제로 하나님께만 속하는 사물이나 사
람들에게 돌린다네. 우리는 우리가 우리의 애정을 잘못 두었
다는 것을 우리의 말로 증명한다네. 우리가 그것에 관해 생각
하고, 액면 그대로 말을 받아들인다면, 우리 자신의 말은 우
리가 우상 숭배자이자 신성모독자임을 증명한다네. 사람에 대
한 합당한 애정이 있지만 오직 하나님만을 향한 최고의 애정
이 있고, 우리는 하나님께만 속해야 할 사람들에게 비유적 표
현과 사랑의 표현을 끊임없이 적용하고 있다네. 하나님 대신
무언가를 사랑하는 것은 우리의 영혼에 큰 손상을 주는 것이
라네. 사랑의 말을(배우자나 자녀에게도) 하나님께만 속하는 어떤
것에 돌리는 것도 마찬가지로 깊은 손상을 입힌다네. 우리의
많은 음악과 대중 매체에 있는 말과 표현을 잠시 생각해 보게.
절대적인 최고의 사랑은 되풀이 해서 사람들에게 돌린다네.

그럼에도 불구하고 하나님만이 우리의 마음의 최고의 사랑을 받으시고, 우리의 말이 그것을 확인시켜 드릴 때, 우리의 영혼의 건강이 얼마나 하겠는가! 우리가 하나님께 우리 자신을 묶는 사랑의 사슬은 사실 자유케 하며 그리스도의 종이 되는 것이 온 세상의 통치자가 되는 것보다 더 고귀하다네.

무엇보다도 하나님을 사랑하는 복

하나님께 대한 사랑이 영혼을 건강하게 하는 것처럼. 또한 그것은 전인(全人)에 대한 궁극적인 기쁨과 즐거움을 가져다 준다네. 하나님께 대한 사랑으로 하나님의 사랑에 응답하는 것과 같이 사람의 깊음과 높이에 이를 수 있는 것은 아무것도 없다네. 우리는 이것을 위해 창조되었다네. 다른 사람을 하나님에 대한 사랑의 표현으로 사랑하는 것은 선하고 옳지만, 하나님에 대한 우리의 사랑을 대신하여 그들을 사랑하는 것은 위험하다네. 우리가 숭배하는 모든 시시한 사랑, 즉 우리가 숭배하는 모든 우상은 실제로 가장 높은 사랑을 대신할 뿐이라네. 가장 큰 기쁨, 우리가 할 수 있는 가장 현실적이고 견고하고 실질적인 기쁨은 우리의 애정을 그것이 속한 곳에, 즉 예수 그리스도께 두는 데서 자라나는 것이라네.

사랑을 시큼하게 만드는 것은 우리가 궁극적인 사랑을 받을 가치가 없는 사람들에게 사랑을 줄 때라네. 최고의 인간은 친구의 최고의 사랑을 받을 가치가 없다네. 그들은 어떤 식으로든 친구를 실망시킬 것이네. 그들은 친구가 그들에게 주는 사랑을 진정으로 가치 있게 여기지 못할 수도 있다네. 그들은 친구의 사랑을 돌려주지 않을 수도 있고, 부재하거나, 죽을 수도 있고, 친구를 망가뜨린 채로 내버려 둘 수도 있다네. 피조물은 창조주만이 하실 수 있는 것을 줄 수 없다네. 그러므로 우리가 어떤 것, 심지어 배우자나 아이조차도, 우상화할 때 존재하는 끝없는 위험과 함정은 우리가 그 사랑을 손상시키지 않고 올바르게 받으실 수 있는 분께 우리의 애정을 바칠 때가 존재하지 않는다네.

우리의 사랑의 대상의 가치

(다시) 사랑의 대상이 − 그 무가치함과 나약함으로 인해 − 그것을 담을 수 없을 때 사랑은 불행과 비극을 낳을 것이라고 말하면서 시작하겠네. 사랑은 너무 강력해서 어떤 피조물도 궁

극적으로 사랑의 요구를 충족시킬 수 없다네. 그것이 최고의 인간 사랑은, 즉 그 궁극적인 대상이 다른 사람이라면 그가 그렇게 훌륭할지라도, 좌절되고 파탄에 이르게 되는 이유이라네. 우리의 사랑은 다른 사람에 의해 완전히 충족되도록 의도된 것이 아니라 오직 하나님께로부터만 충족되도록 의도되었다네. 하나님의 무한한 가치 아래에 있는 어떤 것도 사랑이 성장하고 번성하고 놀라운 힘을 발휘하는 데 필요한 공간을 줄 수 없다네. 우리는 하나님을 위해서 창조되었다네. 피부 깊이의 아름다움과 약간의 인간의 선함은 하나님만이 가지고 계시는 무한하신 선(善)과 비교할 수 없다네. 너무나 많은 인간의 사랑이 비극과 상처로 끝나는 것은 당연하다네. 어떻게 안 그럴 수가 있겠는가? 인간의 마음은 다른 사람의 마음을 품고 유지하고 보호할 수 없다네. 질투, 냉소, 경쟁은 잘못된 사랑의 우상숭배와 결코 멀지 않다네. 참으로 "사랑은 죽음 같이 강하고 질투는 무덤 같이 잔인하다네"(참조. 아 8:6).

그러나 하나님을 향한 사랑은 이 쓰라림을 알지 못한다네. 그러므로 그것은 사랑하는 사람이 다른 사람들을 진정으로 그리고 안전하게 자유롭게 사랑할 수 있게 해준다네. 누군가가 자신의 사랑을 그것이 있는 곳, 즉 충분하시고 선하신 하나님 안에 놓을 때마다 그것은 그 사랑이 만족될 뿐만 아니라 하나님의 사랑에 의해 압도되고 지배된다는 것을 알게 된다네. 하나님 안에는 우리의 사랑을 담을 수 있는 "공간"이 너무 많기 때문에 사랑하는 사람은 그의 사랑의 작은 것을 볼 수 밖에 없다네. 그런 다음 하나님을 향한 더 큰 사랑의 마음에 대한 열렬한 탐구가 시작된다네. 하나님을 사랑하는 사람은 자신의 마음이 차갑다는 것을 알고 하나님만이 진정 마땅히 받으셔야 할 사랑으로 자신의 마음이 불타오르는 그 날을 간절히 고대하며, 그 사이에 그가 그분을 위해서 가지고 있는 사랑을 하나님께 표현하는데 그와 함께 연합하도록 다른 사람들과 모든 피조물과 심지어 천사들까지 불러 모은다네.

"능력이 있어 여호와의 말씀을 행하며 그의 말씀의 소리를 듣는 여호와의 천사들이여 여호와를 송축하라 그에게 수종 들며 그의 뜻을 행하는 모든 천군이여 여호와를 송축하라 여호와의 지으심을 받고 그가 다스리시는 모든 곳에 있는 너희여 여호와를 송축하라 내 영혼아 여호와를 송축하라"(시 103:20-22).

친구는 친구의 사랑이 남용되지 않을 것이라는 것을 확신할 수 있다

인간의 사랑은 상처받기 쉽다네. 그것은 되돌아올 것이라는 보장이 없다네. 기억하게. 친구는 친구의 사랑을 주는 것보다 더 가치 있는 것은 없다네. 우리가 우리의 사랑을 줄 때, 우리는 우리 자신, 즉 우리가 가진 모든 것을 주는 것이라네. 그러므로 우리의 사랑이 과소평가되고 돌려받지 못할 때보다 더 큰 고통과 슬픔이 어디 있겠는가? 선물이 멸시받을 때 슬픔은 결과가 되는 것은 확실하고 가장 큰 선물을 멸시받을 때 그 슬픔은 압도적일 수 있다네.

사랑은 자기 자신을 다른 사람에게 버리는 것이라네. 그것이 참되고 진정한 사랑이라면, 그것은 자발적으로 기꺼이 자기가 죽는 것이라네. 사랑하는 사람은 자기가 사랑하는 사람을 위해 자신의 이익과 목표를 무시한다네. 그의 온 마음은 그가 사랑하는 사람의 필요한 것과 원하는 것을 충족시키는 모험에 사로잡혀 있다네. 하지만! 그 애정이 제대로 받아들여지지 않고 동일한 것으로 되돌아오지 않는다면, 사랑을 준 사람은 진정한 의미에서 자신의 사랑에 의해 파괴된다네. 그는 그 대가로 자신을 위해 아무것도 마음을 쓰지 않는 다른 사람에게 자신을 버렸다네. 그러나 그 대가로 사랑받는다면 그의 마음은 진정한 의미에서 살아나고, 한때 다른 사람을 위해 버린 자신이 다른 사람에게 소중하게 여겨지기 때문에 다시 가치가 있게 된다네.

순전히 인간적인 차원에서 모든 진취적인 정신이 큰 위험에 처해 있다네. 다른 사람을 안전하게 사랑하는 유일한 방법은 친구의 가장 높은 사랑을 진정으로 안전한 곳에 두는 것이라네.

그러나 나는 분명한 것을 말하고 있네. 문학, 음악, 대중 매체는 모두 연약한 인간의 사랑의 현실을 바탕으로 그들의 이야기를 만들어낸다네. 인간의 행복은 사랑이 소중히 여겨지고 남용되지 않는 데 달려 있다는 사실보다 전 인류 가족에게 더 분명한 것은 없다네. 하나님에 대한 사랑이 모든 작은 사랑보다 경이로움과 이점을 보여주는 것은 바로 여기에 있다네. 여기서 우리는 우리를 먼저 사랑하셨고, 우리가 훌륭하고 가치 있기 때문이 아니라, 우리가 가치가 없고 사악하지만 그 사랑을 증명하시고 보여주신 분을 사랑한다네.

"우리가 아직 연약할 때에 기약대로 그리스도께서 경건하지 않은 자를 위하여 죽으셨도다 의인을 위하여 죽는 자가 쉽

지 않고 선인을 위하여 용감히 죽는 자가 혹 있거니와 우리
가 아직 죄인 되었을 때에 그리스도께서 우리를 위하여 죽으
심으로 하나님께서 우리에 대한 자기의 사랑을 확증하셨느
니라"(롬 5:6-8).

하나님은 그분 자신을 사랑하는 사람에게 그분의 사랑을 억
제하시는 것은 불가능하시다네. 이는 하나님이 먼저 사랑하셨
기 때문이라네. 이것이 바로 그분의 형상을 지닌 마음으로 그
분의 사랑에 사랑으로 응답하는 마음이라네. 하나님이 어떻
게 그런 마음을 거부하실 수 있겠는가? 그분은 그렇게 하실
수 없다네! 하나님을 다시 사랑하기를 바라는 마음은 그분이
남용하실 수도 없으시고, 남용하시지도 않으실 마음이라네.

"아침에 주의 인자하심이 우리를 만족하게 하사 우리를 일생
동안 즐겁고 기쁘게 하소서"(시 90:14).

"옛적에 여호와께서 나에게 나타나사 내가 영원한 사랑으로 너
를 사랑하기에 인자함으로 너를 이끌었다 하였노라"(렘 31:3).

친구는 하나님이 친구의 마음을 원하신다는 것을 알아야 하

네. 그분은 그분 자신을 위해서 친구를 창조하셨으니 친구의 접근을 거부하거나 부정하지 않으실 것이네. 보아스가 룻에게 있듯이, 가엾은 죄인에게도 예수님이 계신다네. 그리고 보아스가 궁핍한 룻을 구속하고 회복하고 기꺼이 맞이하여 결혼했듯이, 예수님 역시 사랑의 언약 안에서 친구를 기꺼이 맞이 하실 것이네. 친구는 이 문제에 있어서 그분의 마음을 확신할 필요가 있네!

"이에 시어머니가 이르되 내 딸아 이 사건이 어떻게 될지 알기까지 앉아 있으라 그 사람이 오늘 이 일을 성취하기 전에는 쉬지 아니하리라 하니라"(룻 3:18).

하나님은 결코 사랑이 부족하지 않으시다

인간의 사랑은 필연적으로 이별을 경험할 것이네. 이별은 고통과 비통함을 준다네. 이것은 아무리 최고의 인간 사랑일지라도, 피할 수 없는 것이라네. 친구들은 비록 짧은 시간일지라도 헤어져야 한다네. 그러나 피할 수 없는 죽음은 다른 모든 슬픔과는 비교할 수 없을 만큼 이별의 슬픔을 가져다 준다네.

그러나, 잠깐이건 영구적이건 간에, 이별은 우리가 모든 인간의 애정에 대해 지불하는 대가라네.

결코 우리를 떠나시거나 버리시지 않으실 분, 그분의 본성상 결코 부재(不在)하실 수 없는 분 안에 놓여 있는 사랑을 따라야 하는 안전과 기쁨을 생각해 보게. "영원에서 영원까지 주님의 사랑은 그분을 경외하는 자에게 이른다"(시 103:17). 감옥의 어둠이나 사막의 외로움이 언제나 존재하는 분의 사랑을 약화시킬 수 없다네. 믿음의 눈은 어디에서나 그들의 사랑하는 하나님을 볼 수 있고, 어떤 상황에서도 그분의 영광을 좇아갈 수 있다네. 실제로 끊임없이 하나님의 사랑을 누리며 사는 것이 가능하다네.

하나님을 사랑함으로 하나님의 사랑에 반응하는 것은 우리를 무한한 행복으로 이끈다

인간의 사랑에서 사랑하는 사람이 비참하다면, 그가 사랑하는 사람도 마찬가지로 비참하다네. 우리가 다른 사람들과 마음을 주고받을 때, 그들의 기쁨이나 불행은 우리의 것이 된다네. 사랑이 하늘이 아닌 땅에 얽매이면 어쩔 수 없이 괴로워하고 짜증이 난다네. 이것에 대해 생각해 보게. 우리 중 가장 축복받은 사람은 여전히 삶을 시련으로 만들 만큼 충분한 어려움과 슬픔을 가지고 있다. 그리고 슬픔이 그를 사랑하는 사람들에게 영향을 주지 않을 수는 없다네. 사랑하는 사람이 공격을 받을 때 그를 사랑하는 사람들도 영향을 받는다네. 그러나 하나님이 우리 사랑의 근원이시며 대상이 되실 때 우리는 그곳에서 우리 마음의 안전한 항구를 찾을 수 있고 그곳에서 우리는 침범할 수 없는 참 행복을 찾을 수 있다네.

"하나님은 우리의 피난처시요 힘이시니 환난 중에 만날 큰 도움이시라 그러므로 땅이 변하든지 산이 흔들려 바다 가운데에 빠지든지 바닷물이 솟아나고 뛰놀든지 그것이 넘침으로 산이 흔들릴지라도 우리는 두려워하지 아니하리로다(셀라) 한 시내가 있어 나뉘어 흘러 하나님의 성 곧 지존하신 이의 성소를 기쁘게 하도다 하나님이 그 성 중에 계시매 성이 흔들리지 아니할 것이라 새벽에 하나님이 도우시리로다"(시 46:1-5).

하나님의 사랑과 그분의 기쁨은 결코 줄어들지 않을 것이네. 그분 안에서만 우리는 우리의 사랑을 안전하게 맡길 수 있고 하늘의 천사들이 그분을 찬양하는 모든 기쁨과 힘을 받을 수 있다네. 우리가 사랑하는 분이 그분 안에서 무한히 만족하시고 지옥의 모든 세력이 한 순간도 그분의 기쁨을 흔들 수 없다는 사실을 생각하는 것이 얼마나 큰 기쁨의 원천인가!

우리가 주님 위에 세울 때 우리가 그 위에 세우는 것은 얼마나 확실한 기초인가! 기쁨의 하나님을 사랑하고, 그 뜻을 기쁨의 하나님 뜻에 맞추며, 기쁨의 하나님을 기쁘시게 하는 것이 가장 큰 소망은 반드시 참 기쁨의 길에 있는 것이라네. 우리는 우리가 주님을 기반으로 할 때 얼마나 확실한 토대가 되는가! 그의 사랑이 기쁨의 하나님께 놓여지고, 그의 뜻이 기쁨의 하나님의 뜻에 순응하고, 그리고 그의 가장 큰 소원이 기쁨의 하나님을 기쁘시게 하는 사람은 참 기쁨으로 가는 길목에 서 있다네. 기쁨의 하나님께 자신의 사랑을 두는 사람의 마음과 생각에는 얼마나 평화와 안식과 만족이 있는가!

"여호와는 자기를 경외하는 자들과 그의 인자하심을 바라는 자들을 기뻐하시는도다"(시 147:11).

하나님을 지극히 사랑하는 사람은 모든 상황에서 유쾌함을 발견한다

전에도 말했지만 다시 말할 가치가 있네. 우리는 우리의 선하신 하나님에 대한 거룩한 사랑에 사로잡혀 있을 때 무한한 쾌락과 기쁨을 경험하지 않을 수 없다네. 하나님의 선하심에 대한 참 감각이 우리의 마음과 생각을 사로잡기 시작하고 그 감각이 하나님께 대한 따뜻한 애정으로 우리 자신의 아낌없는 제물과 결합되면 그 결과는 우리 영혼에 분명해지는 참되고 견고한 만족이 될 것임에 틀림이 없다네. 우리가 자신을 따분하게 하고 열의가 없는 광적인 신앙심은 제쳐두고 우리를 창조하시고, 생명을 주시고, 이제 참 생명을 주시는 하나님께 무조건적으로 우리 자신을 바치는 것은 얼마나 큰 복인가? 그러한 예물은 그리스도의 속죄의 피로 드려질 때 거룩하고 열납될 만한 예물이며 하나님께서 전적으로 기뻐하시는 것이라네 (참조, 롬 12:1-2). 사랑하는 사람은 주저하지 않고 이렇게 말할 수 있다네. "나는 사랑하는 자에게 속하였도다 그가 나를 사모하는구나."(아 7:10) 그러한 제물에는 급진적인 삶의 새로운 삶을 열어주는 자기로부터의 귀중한 자유, 즉 자기 이익의 초월함이 있다네. 목표는 사랑하는 선하신 하나님의 선하신 목적에 봉사하는 것이 된다네.

"주께서 생명의 길을 내게 보이시리니 주의 앞에는 충만한 기
쁨이 있고 주의 오른쪽에는 영원한 즐거움이 있나이다"(시
16:11).

"그러므로 형제들아 내가 하나님의 모든 자비하심으로 너희
를 권하노니 너희 몸을 하나님이 기뻐하시는 거룩한 산 제물
로 드리라 이는 너희가 드릴 영적 예배니라"(롬 12:1).

우리의 모든 삶이 우리에 대한 하나님의 사랑과 그분께 대한
우리의 사랑이 돌아옴으로써 더 유쾌하게 되었다네. 일상의 단
순한 사건을 포함하여 모든 상황은 하나님의 섭리의 돌보심 아
래 있다네. 이러한 상황은 의미를 상실하고(우상을 그치며) 심오
한 유쾌함을 취한다네(그들은 하나님의 선하심을 맛보았기 때문이라네).

이 유쾌함은 그 순간에는 유쾌한 것은 아니지만, 하나님의
징계까지 포함하고 있다네. 우리의 선하신 목자이신 하나님
의 막대기와 지팡이는 고통이 따를 수도 있지만, 그들은 실제
로 하나님의 거룩하시고 지혜로우신 목적을 우리에게 성취하
고 있다네. 하나님이 그분의 어리석은 피조물들의 뜻과 계획

에 동의하지 않으시고 대신 그분 자신의 뜻대로 일을 하실 때 우리는 기뻐할 수 있다네.

"그러므로 우리가 낙심하지 아니하노니 우리의 겉사람은 낡아지나 우리의 속사람은 날로 새로워지도다 우리가 잠시 받는 환난의 경한 것이 지극히 크고 영원한 영광의 중한 것을 우리에게 이루게 함이니 우리가 주목하는 것은 보이는 것이 아니요 보이지 않는 것이니 보이는 것은 잠깐이요 보이지 않는 것은 영원함이라"(고후 4:16-18).

그리스도인의 삶의 의무 또한 유쾌하다

어떤 사람들은 그리스도인의 삶의 훈련이 지루하고 어리석다고 생각할지 모르지만, 사랑의 하나님을 사랑으로 화답할 때 이러한 훈련은 믿는 자에게 참된 기쁨과 만족을 준다네. 다른 신자들과 함께 모여 예배하는 것은 무미건조한 의무가 아니라 갈망하고 기대되는 기쁨이라네(시 63:2). 조용히 삶의 분노에서 떠나서, 성경을 펴고 주님께 듣고, 시끄럽고 안절부절 못하는 마음을 가라앉히고, 그것을 몹시 사랑하시는 하나님께 기도로 여는 것, 이것들은 참된 생명의 소유자에게 유쾌한 "의무"라네. 하나님에 대해 생각하고 그분의 길과 성품을 생각하고 그분의 모든 선하심을 기억하는 데 기쁨이 있다네. 하나님을 사랑한다고 천 번을 그분께 말해도 하나님께 우리의 사랑을 선포하는 것은 기쁨, 성취, 완성이라네! 신자가 자신을 사랑하는 이에게 기도하는 가운데 괴로운 영혼의 짐을 풀고, 그를 자신에게로 초대하시는 하나님의 마음에 그의 무거운 짐을 내려놓는 것은 신자에게 행복한 안심이 된다네.

"너희 염려를 다 주께 맡기라 이는 그가 너희를 돌보심이라"(벧전 5:7).

"수고하고 무거운 짐 진 자들아 다 내게로 오라 내가 너희를 쉬게 하리라 나는 마음이 온유하고 겸손하니 나의 멍에를 메고 내게 배우라 그리하면 너희 마음이 쉼을 얻으리니 이는 내 멍에는 쉽고 내 짐은 가벼움이라 하시니라"(마11:28-30).

"실로 내가 내 영혼으로 고요하고 평온하게 하기를 젖 뗀 아이가 그의 어머니품에 있음 같게 하였나니 내 영혼이 젖 뗀 아이와 같도다"(시 131:2).

사람이 생명의 창조주와 그의 영혼을 사랑하는 분께 회개할 때 회개조차도 생명을 준다네. 회개하는 자와 눈물이 쓰라리게 할 수 없는 긍휼의 하나님 사이에서만 알 수 있는 유쾌함있다네. 회개하는 영혼이 환영하시는 하나님 앞에서 겸손한 통회속에 녹아내릴 때 생명과 평안이 찾아온다네.

"하나님의 뜻대로 하는 근심은 후회할 것이 없는 구원에 이르게 하는 회개를 이루는 것이요 세상 근심은 사망을 이루는 것이니라"(고후 7:10).

거룩하고 경건한 삶을 사는 데는 많은 도전들이 있다네. 참 생명은 마음을 끊임없이 감시하는 것을 포함한다네. 어떤 사람이 "해야 할 일과 하지 말아야할 일"을 다름 아닌 바로 외압에 의해 동기부여를 받는다면, 규율과 도전은 지겨운 잡무라네. 그는 겉으로는 거룩한 삶의 임무를 수행할지 모르지만, 내면의 사랑에 의해 움직이지 않는다면, 이러한 실행은 무거운 짐이라네. 하지만! … 사랑이 절제의 삶에 동기를 부여할 때, 모든 것은 바뀐다네. 그 사랑은 사람의 마음과 행동을 지켜주며, 사랑하는 사람과 사랑하는 사람 사이의 소중한 결합을 상하게 하고 손상시킬 수 있는 모든 것을 막아 준다네. 사랑은 그 대상을 공격하는 모든 것을 경멸하고 미워한다네. 그러나 그것은 힘들고 도전적일 수 있는 것들을 포함하여 그 대상을 축복하는 것은 무엇이든 기뻐한다네. 사랑이 동기일 때 명백한 명령에 행복하게 순종할 뿐만 아니라 사랑하는 사람은 실제로 비밀스러운 것, 사랑하는 사람에게 기쁨을 줄 숨겨진 미묘한 차이를 찾는 것을 기뻐한다네. 사랑은 실제로 그 대상의 욕구와 기쁨을 발견하는 데 기발하다네. 사랑은 가장 가혹한 의무도 즐거운 제물로 바꾼다네.

참 사랑은 그저 최소한의 것만을 하는 것이 아니라, 최대한도를 넘어선다네. "지옥에서 탈출했는지 확인"만 원하는 것이 아니라, 천국과 하나님의 마음을 모든 가치로 추구하기를 원한다네.

"주를 기쁘시게 할 것이 무엇인가 시험하여 보라 너희는 열매 없는 어둠의 일에 참여하지 말고 도리어 책망하라"(엡 5:10-11).

챔피언 운동선수나 뛰어난 음악가를 생각해 보게. 그들은 내일의 기쁨을 위해 오늘을 희생한다네. 그들은 규정된 것을 할 뿐만 아니라 그 이상의 것을 한다네. 그들은 해로운 쾌락

뿐만 아니라, 다른 사람들이 마음대로 즐기는 것처럼 보이는 많은 좋은 즐거움을 포기한다네. 왜 그럴까? 왜 이렇게 훈련을 할까? 대답은 그들이 포로로 잡혀 있다는 것이라네. 그들보다 더 큰 무언가가 그들을 쥐고 있다네. 그들은 원하는 보물을 기꺼이 섬기는 종이라네. 그리고 그들은 세상의 보상을 위해 이 모든 일을 한다네!

"내가 복음을 위하여 모든 것을 행함은 복음에 참여하고자 함이라 운동장에서 달음질하는 자들이 다 달릴지라도 오직 상을 받는 사람은 한 사람인 줄을 너희가 알지 못하느냐 너희도 상을 받도록 이와 같이 달음질하라 이기기를 다투는 자마다 모든 일에 절제하나니 그들은 썩을 승리자의 관을 얻고자 하되 우리는 썩지 아니할 것을 얻고자 하노라"(고전 9:23-25).

하나님을 사랑하면 삶이 단순해진다

한 가지 더, 하나님을 가장 깊이 사랑하고, 무엇보다도 그리스도를 소중히 여기면 삶이 단순해진다네. 나는 그것이 삶을 쉽게 만들지만 간단하게 만든다고 말하지 않았다네. 친구의 마음이 하나님의 사랑에 의해 최고로 동기 부여될 때 결정은 그 복잡성을 잃는다네. 사드락과 그의 친구들(단 3장)을 기억하는가? 왕의 우상과 그 앞에 절하라는 명령에 직면했을 때, 그들은 진퇴양난이 없었다네. 그들은 그것에 대해 기도할 필요가 없었다네! "안 돼!" "우리는 절하지 않을 거야!" 단순한 행동. 이와 같이 요셉도 보디발의 아내와 그녀의 부정한 제의에 직면했을 때(창 39장) 요셉도 마찬가지였다네. 젊은 청년이 숙고하거나 기도할 것은 아무것도 없었다네! "안 돼!", "나는 하나님(내가 가장 사랑하시는 분)께 죄를 짓지 않을 거야!" 단순한 행동. 예수님이 친구의 삶의 소중히 여기는 분이 되실 때, 어떤 것들은 해결되고 타협의 대상이 아니라네. 선택이 어려운 상황에 처하더라도 삶은 단순해진다네. 예수님이 친구의 삶의 가장 사랑하는 분이 되실 때, 어떤 것들은 고정되어 타협의 대상이 아니라네. 그 선택이 친구를 힘든 상황으로 몰고 가더라도, 삶은 단순해진다네.

다른 사람에 대한 사랑

우리는 참 삶이 무엇보다도 하나님에 대한 우리의 사랑(우리에 대한 그분의 응답에 불과함)으로 정의된다는 것을 보았네. 하지만 참된 삶은 여기서 멈추지 않는다네! 하나님을 사랑한 후에 우리는 이웃에게로 향한다네. 하나님과 우리의 이웃에 대한 사랑은 하나님의 율법 전체를 요약한다네.

"예수께서 사두개인들로 대답할 수 없게 하셨다 함을 바리새인들이 듣고 모였는데 그 중의 한 율법사가 예수를 시험하여 묻되 선생님 율법 중에서 어느 계명이 크니이까 예수께서 이르시되 네 마음을 다하고 목숨을 다하고 뜻을 다하여 주 너의 하나님을 사랑하라 하셨으니 이것이 크고 첫째 되는 계명이요 둘째도 그와 같으니 네 이웃을 네 자신 같이 사랑하라 하셨으니 이 두 계명이 온 율법과 선지자의 강령이니라"(마 22: 34-40).

영혼의 사랑의 초자연적인 진보

하나님은 모든 은혜의 자녀들의 삶에 기적적인 변화를 일으키신다네. 마음에서 사랑이 자라는 것보다 더 분명한 것은 어디에도 없다네. 이 성장은 실제로 관찰하고 측정할 수 있다네.

첫째, 그리스도인은 그가 자신을 제대로 사랑하는 곳으로 이끌린다네. 그는 더 이상 죄책감과 수치의 노예가 아니라 이제 하나님의 사랑을 받고 구속받은 자로서 자신에 대한 냉정하고 균형 잡힌 사랑을 갖게 되었다네.

그런 다음 그는 이웃에 대한 사랑의 기적 안에서 성장하고 있음을 발견한다네. "네 이웃을 네 자신 같이 사랑하라"(마 22:39). 이것은 참으로 하나님의 일이라네! 한때 증오가 있었던 곳에 사랑이 자라는 것은 참 생명의 확실한 증거라네!

다음으로, 사랑은 우리가 우리 자신을 사랑하는 것처럼 다른 사람을 사랑하는 것을 넘어 실제로 우리 자신보다 다른 사람을 우선시한다네. "형제를 사랑하여 서로 우애하고 존경하기를 서로 먼저 하라"(롬 12:10). 자신보다 남을 존중하고 선호하는 것은 자연에 반하는 일이지만, 우리 안에 계신 하나님께서 이것을 가능하게 하신다네!

마지막으로, 사랑은 우리가 예수님의 바로 그 사랑으로 다른 사람들을 실제로 사랑하는 곳까지 성장한다네. "내 계명은 곧 내가 너희를 사랑한 것 같이 너희도 서로 사랑하라 하는 이것이니라"(요 15:12). 경이로움의 경의로움! 우리가 예수님의 사랑을 받았듯이 다른 사람들을 사랑하는 것! 친구 안에서 이 사랑의 기적을 행하실 분은 하나님이시라네! 그분이 그렇게 하실 것을 믿고 친구 안에서 자라나는 하나님의 사랑을 기대하게.

다른 사람에 대한 사랑의 불가사의

우리는 이 은혜의 선함을 증명하려고 애쓸 필요가 없다네.
이는 그것은 놀랍도록 명백하기 때문이라네. 인류 전체를, 심
지어 하나님 안에서 근원이 되어 다른 사람에게 흘러나오는
사랑으로 세상 그 자체까지도 포용하고 싶은 마음보다 더 멋
지거나 옳은 것은 무엇이 있겠는가? 우리가 하나님의 사랑이
가득 차서 남에게 베풀어지면 우리 자신의 일보다 남의 일을
우선시하지 않을 수 없다네. 이것은 초자연적이며, 타락하고
이기적인 우리의 본성에 반하는 것이라네. 친구가 친구의 이
웃을 친구의 몸과 같이 사랑하면 친구는 그를 나쁘게 생각하
거나 악하게 행할 수 없다네. 친구는 그에게 한 가지 잘못을
저지르느니 차라리 자신에게 천 가지의 잘못을 감내하는 것
이 낫다네. 다른 사람을 사랑하는 사람은 다른 사람에게 축복
과 유익의 통로가 될 때보다 더 행복할 수 없다네. 다른 사람
에 대한 하나님이 우리에게 주시는 그들이 우리에 대해 가지
고 있는 어떤 악의보다도 더 강하다네. 증오는 사랑을 영원히

뿌리칠 수 없다네. 우리가 다른 사람들이 우리에게 입히는 해를 지속적으로 무시하고 그들의 어리석음을 불쌍히 여길 때 우리는 선으로 그들의 악을 이기게 된다네(롬 12:21). 사랑은 우리의 적들에 대한 복수를 거부하고 대신 가능한 모든 사랑을 그들에게 향하게 한다네(롬 12:19). 사랑은 우리의 원수에 대한 복수를 거부하고 대신에 가능한 모든 사랑을 그들에게 향한다네(로마서 12:19). 오랜 세월이 흘러도 변함없이 자신을 사랑하듯 남을 사랑하는 사람이 다른 사람의 존경을 받는다네. 자비로운 정신(사랑으로 가득 찬 마음)은 심지어 사랑하는 사람들 모두에게 아름답게 만드는 얼굴에 유쾌함을 주기까지 한다네. 그것은 또한 사랑하는 사람의 내면 깊은 곳까지 성격의 힘을 가져다 주며 그의 삶의 모든 부분에 영향을 미칠 창의성과 고귀함을 고무시킨다네.

친구가 하나님의 완전한 사랑 안에 안정되었을 때, 친구는 친구의 사랑에 쉽게 보답하지 않거나 실제로 친구를 학대하는 불완전한 사람들을 자유롭게 사랑할 수 있다네. 친구는 더 큰 사랑으로 친구의 마음이 안정되었기 때문에 친구를 학대하는 사람들을 축복할 수도 있다네.

역사의 위대한 영웅들을 생각해 보게. 그들의 삶은 항상 나라나 동료, 가족, 친구에 대한 사랑에 의해 동기부여가 되었다네. 우리는 그들의 행동을 존경하지만, 우리는 그러한 행동의 배후에 있는 마음을 깨달아야 한다네. 만약 친구가, 그리고 다른 사람들이 모든 인류에 대한 더 큰 사랑에 감동했다면 그 효과를 영원히 상상해 보게! 그리스도인의 마음속에 있는 하나님의 초자연적인 임재만이 그러한 사랑을 나타낼 수 있다네.

이웃을 사랑하는 기쁨

악의, 증오, 그리고 질투의 독에서 해방되는 것은 얼마나 큰 축복인가! 다른 사람을 향한 사랑으로 가슴이 부풀어 오르게 하는 것은 영혼에 대한 유쾌함이라네. 다른 사람에 대한 사랑으로 충만한 것은 모든 사람에게 기쁨이라네. 영혼의 독을 사랑으로 바꾸고 쓴맛을 달콤함으로 바꾸는 것은 다른 사람을 위한 축복뿐만 아니라 친구 자신의 행복을 증진시키는 것이라네. 내가 나를 행복하게 해줄 한 가지를 선택할 수 있다면, 그것은 바로 이것이라네. 내 마음을 하나님에 대한 사랑으로 나아가게 하고, 그리고 전 세계의 모든 사람에 대한 사랑으로 나아가게 하는 것. 그들의 축복을 질투하기보다는, 나는 정말로 그들의 축복을 기뻐할 것이네. 그들의 행복은 나의 행복이 될 것이네. 그들의 위로가 나의 위로가 될 것이네. 내가 어떻게 이걸 원하지 않을 수 있겠는가? 나의 형제나 자매가 시련을 겪고 있다면 내가 그들을 사랑하기 때문에, 그들의 고통과 슬픔을 느낀다면, 그들을 동정하는 것이 그들의 곤경에 대해 무감각하고 무감각해지는 것보다 실제로 내 영혼에 훨씬 더 유쾌하다네. 그들의 시련 속에서도 내가 사랑으로 그들에게 하나님의 깊으신 선하심을 가리키고 하나님의 선하신 목적의 궁극적인 승리와 영원한 행복의 확실성을 일깨워 줄 수 있다면, 나는 그들의 슬픔 가운데서도 위로의 근원이 될 수 있다네.

의심의 여지 없이 하나님을 사랑하는 것 다음으로 이웃을 사랑하는 것이 가장 큰 행복의 근원이라네. 지금 여기에서 누리는 참으로 하늘의 기쁨이 여기 우리의 마음과 관계를 지배할 때 실제로 천국의 미래를 이 땅에 가져다주는 것이라네.

순결의 미덕

내가 순결을 참 삶의 세 번째 주요 갈래로 지목했다는 것을 기억하게. 순결을 이 타락한 세상의 비뚤어진 즐거움에 대해 "아니오"라고 말하고, 우리의 멋진 하나님께 기쁨을 가져다 드리는 것들에 대해 "예"고 말하고자 하는 참된 욕망이라고 설명했네. 그것은 우리가 우리를 향하신 하나님의 뜻을 이행할 때 어떤 고통이 닥치더라도 기꺼이 감수하겠다는 단호한 의지를 포함한다네. 순결은 멋진 마음의 속성이며 기쁨과 자유를 준다네.

자신의 욕망에 대한 노예처럼 끔찍한 노예는 없을 것이고, 같은 욕망에 대한 승리만큼 놀라운 승리도 없을 것입니다. 사람들은 자신의 더러운 늪에 빠졌을 때보다 더 비참하고 타락한 적이 없다네. 그러면 그들은 그들이 창조되고 그들이 구속받은 고귀한 삶을 살 수 없다네. 그들이 자유롭다고 생각할지라도 관능적인 쾌락에 매료된 그들은 자유롭지 못하다네. 그러나 참된 생명을 소유한 영혼들은 그들이 더 많은 것을 위해 창조되었다는 것을 알고 있다네! 그러므로 그들은 일시적인 쾌락을 위해 (거룩함의 길에서) 물러나려는 유혹을 거부한다네.

순결의 기쁨

순결은 기쁨과 즐거움을 준다네. 사람들은 죄가 쾌락을 가져다 준다고 생각하지만, 그것도 잠시라네(히 11:25). 그러나 죄악된 쾌락에는 항상 쏘는 것이 있다네. 죄악된 쾌락은 그 결과로 문제를 낳는다네. 어리석은 과잉과 정욕적인 생활은 이생과 내생 모두에 영향을 미치는 모든 사람의 행복에 적이라네. 무절제한 삶이 이 삶에 미치는 영향을 고려하는 것만으로도, 현명한 사람은 생각하기에 과도함과 어리석음에 대해 자제할 것이네. 거기에 우리가 이생에서 하는 일이 시간에만 영향을 미치는 것이 아니라 영원에도 영향을 미치며 죄의 해로운 쾌락을 혐오하는 동기가 훨씬 더 많다는 생각을 덧붙이게.

"순수한" 쾌락도 지나치면 몸과 영혼의 건강을 해칠 수 있다네. 그러므로 지혜로운 사람은 어떤 법이나 어떤 외부의 강제 아래 있기 때문이 아니라 더 높은 기쁨에 감동되어 예수님 안에서 기쁨을 추구한다네. 그의 관심이 높아지고, 세련되고, 재정의 되어 더 이상 그를 사로잡았던 것들에 관심을 갖지 않게 되었다네. 이것에 대해 생각하게. 자연 세계에서도 어떤 애정에 사로잡혀 있는 사람은 일반적으로 자신을 사로잡을 수 있는 다른 것들을 잊어버릴 것이네. 그는 음식이나 신체에 대한 정상적인 관리를 잊을 수 있다네. 운동선수나 음악가를 다시 생각해 보게. 그들의 열정에 대한 그들의 헌신이 다른 모든 즐거움을 강등시키는 방법을 생각해 보게나. 그는 그의 음식이나 그의 몸에 대한 정상적인 관리를 잊어버릴 수도 있다네. 그들의 열정에 대한 그들의 헌신이 다른 모든 즐거움을 어떻게 추방하는지 … 운동선수나 음악가들을 다시 한번 생각해 보게. 참 삶에 사로잡힌 사람이 사랑에 압도되어 그가 좋아했던 과거의 쾌락을 경멸하고 지금은 모든 것을 다르게 보는 것이 이상한가? 그는 그들의 합당한 관점에서 모든 작은 즐거움을 볼 것이며 그들이 예수님 안에서 행복을 추구하는 것을 방해하는 것을 허용하지 않을 것이네. 그는 모든 작은 쾌락을 그들의 적절한 관점에서 볼 것이고 그들이 예수님 안에서의 그의 행복 추구에 방해하는 것을 허락하지 않을 것이네.

친구가 마음과 삶의 순결을 추구하면서 자신을 부인하기 시작한다면 직면해야 할 도전이 있을 것이네. 그것은 항상 쉽지는 않을 것이네! 그러나 참된 생명을 소유한 사람들은 고난조차도 그들의 더 높은 사랑에 대해 기쁘게 말할 기회를 준다는 것을 알게 된다네. 그들 자신이 약하다는 것과 하나님을 섬기는데 있어서 그처럼 적은 제물을 바칠 수 있는 것을 알고, 그들은 고난을 이 세상 삶의 시련 가운데서 그분의 선하심을 증언함으로써 그분께 영광을 돌려드리는 뜻밖의 기회로 본다네.

겸손의 탁월성

참 삶의 마지막 갈래는 겸손이라네. 훈련되지 않은 눈에는 겸손은 약하고 비열한 자질로 보여진다네. 세상은 그것을 비웃는다네. 진실은 그것이 고귀한 영혼의 면류관이라는 것이네. 교만을 낳는 것은 사소함과 무지라네. 겸손은 더 의미 있는 것에 대한 더 높은 지식에서 태어난다네. 겸손은 지혜로운 사람들이 헛된 것들을 사랑하고 세상의 이득을 지나치게 자랑스러워하는 것을 막아 준다네.

겸손은 실제로 은혜를 끌어당긴다네. "하나님이 교만한 자를 물리치시고 겸손한 자에게 은혜를 주신다"(약 4:6). 고귀한 영혼은 진리를 귀중하게 여기게 되었고 무엇이 진정으로 귀한 것인지 알게 되었다네. 그는 더 이상 돈, 아름다움, 체력 등으로 인생을 판단하지 않는다네. 그는 몇 가지 외적인 이점을 가지고 있기 때문에 다른 사람들보다 자신이 우월하다고 판단하는 사람들에게 감명을 받지 않는다네. 그는 이러한 세속적인 것이 부족한 사람들을 멸시하지 않는다네. 그는 이제 진정한 가치와 아름다움을 이해하고 하나님의 성품과 본성의 경이로움을 보았기 때문에 이전의 그의 천박한 성취에 감명을 받지 않는다네. 그는 이제 완전히 새로운 세계에 감탄한다네. 그가 지금 열망하는 것은 그 세계의 경이로움과 가치라네.

이상하지만 겸손의 가치는 거의 모든 사람이 겸손한 척한다는 사실에서 알 수 있습니다. 거만하고 자만심이 가득한 사람으로 보이기를 원하는 사람은 거의 없습니다. 교만한 사람은 칭찬을 갈망하며 다른 사람들이 칭찬해주기를 바라면서도 자신을 칭찬하지 않도록 주의한다네. "예의 바른" 대화에서 우리는 사람들이 다른 사람에게 아첨하고 겸손한 척하면서 자존심으로 부채질하는 가식을 스스로 비난하는 것을 종종 듣는다네. 진정한 겸손이 사회생활의 거의 모든 부분에서 본받고 교만한 사람들이 "좋은 예의범절"의 필수 부분으로 간주한다면 진정한 겸손은 진정으로 멋진 것임에 틀림없다네!

겸손의 기쁨과 유쾌함

겸손은 큰 평화를 가져다 준다네. 겸손한 마음에서 오는 유쾌함이 있다네. 반대로 오만한 사람, 교만한 사람은 주위 사람들에게 골칫거리일 뿐만 아니라 무엇보다 자기 자신에게 골칫거리라네. 그는 매사가 괴롭고 아무것도 없는 것에 만족한다네. 그는 그의 일생을 좌절로 불안한 상태로 보낸다네. 그는 항상 화가 나 있다네. 그에게는 아무것도 충분하지 않다네. 그는 항상 싸울 준비가 되어 있고, 항상 논쟁할 준비가 되어 있다네. 그는 마치 하나님이 그의 쾌락을 위해 모든 것을 수행하셔야 하는 것처럼 행동하고, 우주와 그 안에 있는 모든 피조물은 그의 욕구와 소원을 충족시키기 위해 존재한다네.

작은 바람이 키 큰 나무의 모든 잎사귀를 흔드는 것처럼 모든 "바람"(말, 눈빛, 표정 등)은 교만한 사람을 흔든다네. 그는 고통의 가장자리에 살고 있다네. 그러나 겸손한 사람의 자유를 생각해 보게! 그가 멸시를 받거나 누군가가 자신의 방식으로 모욕을 가할 때 그는 이미 그 자신을 비천하고 냉정하게 생각하기 때문에 그래서 그는 교만한 사람을 괴롭히고 상처를 입히는 경멸과 범죄에 괴로워할 수 없다네. 겸손한 사람은 교만한 사람과 달리 일상생활에서 일어나는 일에 중독될 수 없다네. 교만은 겸손한 사람들이 영향을 받지 않는 천 가지 작은 일에 화가 난 다툼의 정신을 동반한다네. 여기서 역설적인 점은 진정한 겸손과 낮은 마음가짐이 교만한 사람들이 끝없이 노력하고 있는 겸손한 사람들에게 명예와 감사를 가져다 준다는 것이네! 겸손한 사람은 널리 사랑을 받고 교만한 자는 자기 교만으로 매를 맞고 모든 사람에게 존경받는 척하며 살다가도 많은 사람에게 멸시를 받는다네.

신자의 삶에서 겸손은 가장 먼저 하나님과 관련하여 표현되기 때문에 신자의 삶에서 하나님과 관련된 모든 것과 마찬가지로 그것은 필연적으로 유쾌하고 기쁨을 낳고 즐거운 것이라네. 위대하시고 놀라우신 하나님 앞에 자신을 낮추는 데 진정한 기쁨이 있다네. 신자가 하나님의 위엄과 영광을 깊이 느끼고 그에 따라 자신이 밑바닥으로 가라앉을 때, 그는 하나님을 전부로 그 자신을 아무것도 아닌 것으로 여기고, 그의 자리에 앉는다네. 그곳에서 그는 시편 기자의 표현을 이해한다네.

"만군의 여호와여 주의 장막이 어찌 그리 사랑스러운지요 내 영혼이 여호와의 궁정을 사모하여 쇠약함이여 내 마음과 육체가 살아 계시는 하나님께 부르짖나이다 나의 왕, 나의 하나님, 만군의 여호와여 주의 제단에서 참새도 제 집을 얻고 제비도 새끼 둘 보금자리를 얻었나이다 주의 집에 사는 자들은 복이 있나니 그들이 항상 주를 찬송하리이다(셀라)"(시 84:1-4).

교만하고 야심 찬 사람은 다른 사람의 칭찬과 박수를 매우 기뻐하고, 그들의 칭찬을 기쁨과 즐거움으로 받는다네. 그러나 다른 사람들의 칭찬을 받는 그의 행복은 그것을 거부하는 겸손한 영혼의 행복만큼 크지 않다네.

"여호와여 영광을 우리에게 돌리지 마옵소서 우리에게 돌리지 마옵소서 오직 주는 인자하시고 진실하시므로 주의 이름에만 영광을 돌리소서"(시 115:1).

나는 그리스도인의 삶, 즉 참 삶의 주요 갈래에 대해 간략하고 불충분하게 말했네. 그렇게 사는 것이 내 말보다 더 많은 것을 친구에게 가르쳐 줄 것이네. 내가 생각하기에 친구의 영혼은 이미 참 삶을 갈망하도록 깨우친 것 같네. 하나님이 친구를 위해 가지고 계시는 모든 것을 알기를 열망하고 시작하게. 모든 충만함 속에서 삶을 추구하기 위해 믿음으로 시작하게. 하나님이 친구를 찾아가시지 않으실 것을 두려워하지 말게. 하나님이 이렇게 말씀하셨기 때문이네.

"아버지께서 내게 주시는 자는 다 내게로 올 것이요 내게 오는 자는 내가 결코 내쫓지 아니하리라"(요 6:37).

"너희가 온 마음으로 나를 구하면 나를 찾을 것이요 나를 만나리라"(렘 29:13).

나와 함께 기도하세

주 예수님! 당신이 친구로서 함께 걷는 것을 나의 의무와 나의 행복으로 삼았다는 것은 얼마나 놀라운 일이나이까! 당신의 선하심으로 당신을 위해 내 영혼을 보호하는 "일"이 당신을 아는 것에 대한 큰 보상을 받게 될 것이라고 결정하셨나이다! 어떻게 우리처럼 낮은 피조물이 그런 높이까지 올라갈 수 있나이까? 무슨 자비시나이까! 당신은 우리의 눈이 당신을 바라보도록 허락하시고 환영하시나이다. 당신이 우리와의 사랑과 관계를 받아들이신다는 것은 얼마나 놀라운 일이나이까! 우리가 당신, 즉 당신의 아름다움과 성품과 완전하심을 바라볼 때, 우리는 실제로 당신의 무한하시고 비하실 데 없는 축복에 참여하기 시작하고 참 생명과 기쁨을 알기 시작하나이다. 얼마나 좋으신 하나님이신가요!

주여, 나는 이제 모든 작은 사랑, 특히 자기 사랑으로부터 자신을 분리하고 성령의 도우심으로 당신께 사랑을 두는 영혼이 실제로 건강하고 힘이 자라며 진정으로 행복해지는 것을 알 수 있나이다. 무엇보다 당신을 사랑하고 당신을 위해 다른 사람을 사랑하는 데서 오는 것과 같은 행복은 없나이다. 주 예수님, 나는 나의 모든 죄악되고 이기적인 욕망과 방식을 죽이고 교만을 정복하고 이 죄 많은 세상을 사랑하지 않는 법을 배우기 전에는 결코 행복할 수 없음을 진정으로 믿나이다.

그러나 주여! 언제? 당신의 자비로 언제 당신이 나에게 오셔서 나를 위해 이 일을 하시겠나이까? 이는 나는 스스로 그것을 할 수 없기 때문이나이다. 나는 당신 안에서 만족하기를 원하고, 천국의 이 편에서 내가 할 수 있는 한 당신 안에서 거룩하기를 원하나이다! 확실히, 당신이 내 안에 당신 자신을 위한 이 소원을 잉태하셨음으로 당신은 그것을 성취하실 것이나이다. 당신은 나에게 참 삶을 엿보게 하셨나이다. 이제 주여, 언제 그것을 충만하게 하실 것이나이까?

주 하나님, 나의 구세주, 나의 기쁨이시여! 당신의 뜻을 행하도록 나에게 가르쳐 주소서. 당신의 길에서 나를 강하게 하시고 굳게 세우소서. 당신은 나의 하나님이시고 당신의 영은 나에게 선하시고 선하시나이다. 내 안에서 당신의 일과 나를 위한 당신의 뜻을 성취하소서. 당신의 자비가 영원하시므로, 나는 당신이 나를 포기하시지 않으시고, 나를 위한 당신의 계획도 포기하시지 않으실 것을 알고 있나이다. 이는 나는 당신의 손의 일이기 때문이나이다.

"아침에 주의 인자하심이 우리를 만족하게 하사 우리를 일생

동안 즐겁고 기쁘게 하소서"(시 90:14).

"여호와여 주의 도를 내게 가르치소서 내가 주의 진리에 행하오리니 일심으로 주의 이름을 경외하게 하소서"(시 86:11).

"여호와께서 나를 위하여 보상해 주시리이다 여호와여 주의 인자하심이 영원하오니 주의 손으로 지으신 것을 버리지 마옵소서"(시 138:8).

제3부

참 삶은 가능하다!

제3부

참 삶은 가능하다!

낙담한 자의 반응

나의 친구여,

참 생명의 경이로움을 탐구하기 시작하면서 "나는 그리스도 안에서 삶의 아름다움을 본다, 나는 다른 사람에게 미치는 그 영향을 본다. 그러나 그것은 나에게는 너무 멀다!" 나는 죄와 나 자신의 연약함에 너무 휩싸여 있다. 나는 참 삶을 불가능하다고 본다! 단순히 어떤 외적인 임무를 수행하거나 단순히 어떤 것을 하라는 요청을 받았을 때, 나는 이것을 처리할 수 있었다. 하지만 나는 여기서 내면의 변화에 대해 듣고 있는데,

그것은 내가 할 수 없는 것이다! 나는 가난한 사람들에게 돈을 줄 수 있다. 나는 수많은 관례와 의식을 행할 수 있지만, 사랑의 마음을 창조할 수는 없다. 나는 어떻게 해야 할까?"라고 양손으로 머리를 감싸고 말하는 사람을 상상하기는 쉽다네.

"내가 내게 있는 모든 것으로 구제하고 또 내 몸을 불사르게 내줄지라도 사랑이 없으면 내게 아무 유익이 없느니라"(고전 13:3).

"내가 참 생명을 위해 돈을 지불할 수 있다면, 나는 그렇게 할 것이다. 그러나 하나님의 선물은 돈으로 살 수 없다(행 8:20). 내가 어떻게든 참 생명을 얻기 위해 내 몸을 때리고 내 자신을 학대할 수 있다면(많은 종교인들이 하는 것처럼), 나는 그렇게 할 것이다. 그러나 나는 그것이 내 마음을 세상에서 천국으로 바꾸지 못할 것이라는 것을 안다. 나는 여전히 내면 깊은 곳에 숨어 있는 많은 악을 발견할 것이라는 것을 안다. 내가 문을 닫으면 무엇이든 창문을 통해 들어올 것이다! 나는 내 몸과 영혼의 연약함과 부족함을 잘 알고 있다. 그러나 이것이 나를 겸손하게 만드는 것이 아니라 나를 화나게 하고 침울하게 만든다. 교만이 넘쳐난다. 그리고 어떤 면에서 나 자신이 비천하다고 생각하더라도 나는 다른 사람들이 그렇게 생각하는 것을 참을 수 없다."

"당신이 묘사한 삶의 경이로움을 생각할 때, 나는 난파된 사람 ...... 해안을 볼 수는 있지만, 그 해안에 도달할 수는 없는 사람처럼 느껴진다. 내 진짜 문제는 나 자신이라는 걸 알 수 있다. 나의 이기적인 자아. 나는 나 자신으로부터 자유로울 수 없다. 흔들리지만 결코 자유로울 수 없는 경첩에 고정된 문처럼, 그래서 나는 이리 저리 돌릴 수 있지만, 나는 이기심에 사로잡혀 있다. 자기애가 내 안에 너무나 깊이 뿌리박고 있어서 나는 내가 그 사랑으로부터 자유로워질 것이라고는 상상할 수 없다. 내가 어떤 면에서 보는 나와 참된 삶 사이의 거리, 간격은 건너기 불가능해 보인다."

이러한 두려움은 극복할 수 있다!

이러한 두려움과 생각은 그리스도 안에 있는 생명의 아름다움을 본 사람들에게는 이상한 일이 아니라네. 이스라엘의 정탐꾼처럼 그들은 그 땅의 아름다움을 보았지만 그 땅에 거주하는 "거인"(즉, "자아")도 보았다네. 그들은 참된 생명은 젖과 꿀

이 흐르는 땅과 같으나 마음속의 정욕과 부패는 이스라엘 자손에게 있었던 아낙 자손과 같다는 것을 알았다네. 그들은 두려움에 사로잡혀 결코 들어가지 못하고 그들의 마음속에 있는 악한 거인들을 결코 물리치지 못할 것이네.

우리는 이러한 두려움에 굴복할 이유가 없음을 발견할 것이네. 더욱이 우리는 생각이나 말로 그들을 즐겁게 해서는 안 된다네. 그렇게 한다면 그것은 우리 영혼의 불을 끄고 수고하는 우리의 손을 약하게 하며 우리의 어려움을 강화하는 데 도움이 될 것이네. 하지만! 우리에게는 위대하신 하나님과 놀라운 복음이 있다네!

우리가 우리의 영혼을 발전시키려면, 우리의 은혜로운 하나님이 우리에게 주시는 모든 도구로 우리 자신을 격려해야 한다네.

"자녀들아 너희는 하나님께 속하였고 또 그들을 이기었나니 이는 너희 안에 계신 이가 세상에 있는 자보다 크심이라"(요일 4:4).

"영원하신 하나님이 네 처소가 되시니 그의 영원하신 팔이 네 아래에 있도다 그가 네 앞에서 대적을 쫓으시며 "멸하라" 하시도다"(신 33:27).

우리의 힘은 우리 자신에게 있는 것이 아니라 주님과 그분의 전능하신 능력에 있다네. 우리의 적을 짓밟으시고 물리치시는 것은 바로 그분이라네. 우리는 하나님이 우리를 향하신 자상하신 마음과 기꺼우신 성품을 가지고 계신다는 것을 알아야 한다네. 그분은 우리가 그분 안에서 번영하기를 원하신다네. 그분은 우리가 멸망하는 것을 기뻐하지 않으시고 우리의 영적 번영을 계획하고 촉진하신다고 분명히 말씀하셨다네.

"여호와의 말씀이니라 너희를 향한 나의 생각을 내가 아나니 평안이요 재앙이 아니니라 너희에게 미래와 희망을 주는 것이니라"(렘 29:11).

참된 삶에서 성장하고 충만하려면 하나님의 본성과 성품에 대한 우리의 이해가 필수적이라네. 우리는 성경에서 우리를 향하신 하나님 안에 앙심이나 시기, 악의가 아주 조금도 없으시다는 것을 확신해야 한다네. 그분의 본성은 바로 사랑이라네. 사랑은 그분의 본성의 한 측면이 아니라 그 본질이라네.

"하나님이 우리를 사랑하시는 사랑을 우리가 알고 믿었노니 하나님은 사랑이시라 사랑 안에 거하는 자는 하나님 안에 거하고 하나님도 그의 안에 거하시느니라"(요일 4:16).

하나님은 우리를 행복한 상태로 창조하셨다네. 그것이 우리의 이전 상태라네. 그런데 타락한 후, 그분은 천사, 천사장, 선지자가 아니라 그분 자신의 아들의 손에 우리의 회복을 맡기셨다네. 예수님 자신이 우리의 구원의 장(長)이시라네. 이미죄와 사탄과 죽음을 정복하신 분의 보살핌 아래 있을 때 어떤 적이 우리를 이길 수 있겠는가?

"그런즉 이 일에 대하여 우리가 무슨 말 하리요 만일 하나님이 우리를 위하시면 누가 우리를 대적하리요 자기 아들을 아끼지 아니하시고 우리 모든 사람을 위하여 내주신 이가 어찌 그 아들과 함께 모든 것을 우리에게 주시지 아니하겠느냐 누가 능히 하나님께서 택하신 자들을 고발하리요 의롭다 하신이는 하나님이시니"(롬 8:31-33).

"능히 너희를 보호하사 거침이 없게 하시고 너희로 그 영광 앞에 흠이 없이 기쁨으로 서게 하실 이 곧 우리 구주 홀로 하나이신 하나님께 우리 주 예수 그리스도로 말미암아 영광과 위엄과 권력과 권세가 영원 전부터 이제와 영원토록 있을지어다 아멘"(유 24-25).

생각해 보게. 여기 하나님의 아들, 하나님의 영원하신 아들이 계시네. 그분은 그분의 아버지께 완벽하게 사랑받으셨다네. 천국을 떠나셔서 우리 가운데 사시고 거처를 정하시고 거하시는 분은 다른 누구도 아닌 그분이시라네. 왜 그럴까? 이는 다름 아닌 바로 그분이 우리를 그분의 아버지를 위해 구속하시고, 우리 안에 그분의 아버지의 형상을 회복하시고, 우리를 생명으로 회복시키셔야 하시기 때문이라네. 그분은 우리의 반역을 회복을 통해 그분의 아버지께 영광을 돌리기 위해 사셨고, 고투하셨고, 고난을 당하셨고, 피를 흘리셨고, 죽으셨다네.

이게 다 헛수고였는가? 그분의 고투가 헛수고였는가? 아니! 그것은 예수님께 계약된 것이라네.

"그가 자기 영혼의 수고한 것을 보고 만족하게 여길 것이라 나의 의로운 종이 자기 지식으로 많은 사람을 의롭게 하며 또 그들의 죄악을 친히 담당하리로다"(사 53:11).

천국의 영원한 계획인 우리의 구속, 즉 친구의 구속의 일은 허사가 되는 것은 불가능하다네. 하나님의 계획은 실패하지 않을 것이네. 그것은 이미 수많은 사람들이 구원을 받았고 친구가 하나님의 첫 "실패"가 되지 않을 것이네. 수백만 명의 사람들이 친구만큼 멀리서 그리스도 안에서 충만하게 불러 모아졌다네. 그분은 이미 그분이 항상 살아 계셔서 그들을 위하여 간구하시기 때문에 그분을 힘입어 하나님께 나아가는 자들을 온전히 구원하실 수 있으시다는 것을 입증하셨다네(히 7:25). 그분은 우리의 연약함을 아시고 그들을 어루만지시고, 친절하시고, 동정심이 많으신 구세주시라네. 용기를 내게!

"상한 갈대를 꺾지 아니하며 꺼져가는 심지를 끄지 아니하기를 심판하여 이길 때까지 하리니"(마 12:20).

"아버지가 자식을 긍휼히 여김 같이 여호와께서는 자기를 경외하는 자를 긍휼히 여기시나니 이는 그가 우리의 체질을 아시며 우리가 단지 먼지뿐임을 기억하심이로다"(시 103:13-14).

더욱이 우리의 은혜로우시고 선하시고 기꺼우신 하나님은 마음을 깨우치시고 성경을 밝히시며 죄인을 그리스도께로 인도하시며 그리스도를 믿는 연약한 성도를 온전케 하시는 일에 (그 어느 때와 같이) 지금도 역사하시는 성령을 보내셨다네. 죽은 자를 살리시고 굳은 자의 마음을 부드럽게 하시는 분은 하나님의 성령이시라네. 하나님이 우리를 위해 가지고 계시는 놀라운 목적을 보고 이해하도록 도와주시는 분은 바로 그분이라네. 경건과 기쁨을 향한 우리의 여정에서 연약한 피조물을 기꺼이 도우실 준비가 되어 있으신 분은 바로 그분이라네. 우리 안에 참 삶의 작은 불꽃을 소중히 여기시고 그 불꽃을 일으키실 분은 바로 그분이시라네. 성령 하나님이 이 일을 하신다네! 그것은 우리 자신이 일이 아니라 우리 안에서 행하시는 하나님의 일이라네. 솔로몬의 남편과 그의 신부의 사랑 노래에서 말씀한 것은 하나님이 우리 각자를 향하여 가지고 계시는 사랑에 대하여 의심의 여지 없이 더욱더 사실이라네.

"많은 물도 이 사랑을 끄지 못하겠고 홍수라도 삼키지 못하나니 사람이 그의 온 가산을 다 주고 사랑과 바꾸려 할지라도 오히려 멸시를 받으리라"(아 8:7).

참 사랑과 선함이 마침내 우리의 마음을 정복해야 한다는 것을 우리는 왜 불가능하다고 생각해야 하는가? 날이 밝기 시작하면 어둠은 사라진다네. 항상. 빛이 어둠을 쉽게 파괴하기 때문에 진리는 무지와 어리석음을 쉽게 지배한다네. 타락한 마음의 부패는 복음의 경이로움과 능력으로 사라져 없어져야 한다네. 떠오르는 해와 마찬가지로, "의인의 길은 돋는 햇살 같아서 크게 빛나 한낮의 광명에 이르니라"(잠 4:18). "그들이 힘을 얻고 더 얻어 나아가 시온에서 하나님 앞에 각기 나타나리이다"(시 84:7). 친구 역시 그렇게 할 것이네.

하나님은 완전하게 하시겠다고 약속하신다

성경에는 하나님이 그 일이 끝날 때까지 끈기 있고 끈질기게 우리 안에서 일하실 것이라는 것을 확신하는 많은 약속이 있다네. 우리의 "일"의 일부는 그분의 약속을 믿고 그에 따라 사는 것이라네. 그분의 약속은 우리를 게으르고 수동적으로 만드는 것이 아니라 열정적이고 능동적으로 만든다네. 그들은 우리에게 행동하도록 동기를 부여한다네. 그들은 우리를 잠자도록 하지 않는다네!

"너희 안에서 착한 일을 시작하신 이가 그리스도 예수의 날까지 이루실 줄을 우리는 확신하노라"(빌 1:6).

"그가 거룩하게 된 자들을 한 번의 제사로 영원히 온전하게 하셨느니라"(히 10:14).

"그의 신기한 능력으로 생명과 경건에 속한 모든 것을 우리에게 주셨으니 이는 자기의 영광과 덕으로써 우리를 부르신 이를 앎으로 말미암음이라 이로써 그 보배롭고 지극히 큰 약속을 우리에게 주사 이 약속으로 말미암아 너희가 정욕 때문에 세상에서 썩어질 것을 피하여 신성한 성품에 참여하는 자가 되게 하려 하셨느니라 그러므로 너희가 더욱 힘써 너희 믿음에 덕을, 덕에 지식을, 지식에 절제를, 절제에 인내를, 인내에 경건을, 경건에 형제 우애를, 형제 우애에 사랑을 더하라 이런 것이 너희에게 있어 흡족한즉 너희로 우리 주 예수 그리스도를 알기에 게으르지 않고 열매 없는 자가 되지 않게 하려니와 이런 것이 없는 자는 맹인이라 멀리 보지 못하고 그의 옛 죄가 깨끗하게 된 것을 잊었느니라"(벧후 1:3-9).

"하나님이 미리 아신 자들을 또한 그 아들의 형상을 본받게 하기 위하여 미리 정하셨으니 이는 그로 많은 형제 중에서 맏

아들이 되게 하려 하심이니라 또 미리 정하신 그들을 또한 부르시고 부르신 그들을 또한 의롭다 하시고 의롭다 하신 그들을 또한 영화롭게 하셨느니라"(롬 8:29-30).

그러므로 친구의 성경을 펴고, 하나님 앞에 나아가, 친구의 마음을 그분께 드높이고, 그분의 말씀이 친구의 마음에 참 믿음에 불을 붙이도록 하게!

이것을 생각해 보게. 인류 전체(아담과 하와 두 사람으로 형성되었을 때)는 한때 선함과 사랑이 충만했다네. 죄와 증오는 침략자라네. 그들은 괴팍한 것이 아니라, 약탈자라네. 그렇다네, 우리는 모두 지금 아담 안에서 타락했고, 자기 편애심(偏愛心)이 우리의 본성에 깊이 뿌리를 박고 있지만, 한때는 그렇지 않았다네. 우리가 "의롭다"면 즐겁게 그리고 전적으로 하나님을 사랑하고 그분께 헌신할 것이네. 우리가 하나님과 조화를 이룬다면 우리는 우리 자신을 사랑하는 것보다 그분을 무한히 더 사랑할 것이며 기꺼이 그분의 뜻에 순종할 것이네. 확실히 우리를 창조하신 그분은 우리를 고치실 수 있으시고 또 기꺼이 고치실 수 있으시다네! 분명히 그분은 우리가 이 싸움에 참여한다면 우리를 도우실 것이네. 우리 역시 "전쟁에서 용감하게 되어 이방 사람들의 진을 물리친"(히11:34), 사람들처럼 될 수 있고, 심지어 우리 자신의 마음속에 있는 그러한 적들까지도 물리칠 수 있다네.

친구가 이 싸움에 참여하기로 결심하는 순간, 하늘의 모든 것이 친구를 돕기 위해 그곳에 있다는 것을 알게 될 것이네! 그보다도 지구상의 모든 교회(나는 참 신자를 의미한다네)가 친구를 지지하고 격려할 준비가 되어 있다네. 전 세계의 그리스도인들은 친구를 위해서 그리고 죄와 사탄과 자아에 대한 친구의 승리를 위해 기도하고 있으며 앞으로도 그렇게 할 것이네. 그리고 의심할 여지 없이 친구의 복지와 승리에 관심이 있는 지금 천국에 있는 신자들, 승리한 교회가 있다네. 성경은 이 거대한 구름과 같은 증인들이 실제로 우리를 위해 하나님의 보좌 앞에서 중재한다고 말씀하는 것 같네(히 12:1; 계 6:9, 10 참조). 엘리사가 그의 종에게 눈을 뜨고 그들을 위해 전쟁에 나선 천국의 군대를 보라고 촉구했듯이, 우리를 위해 그곳 천국의 광대한 도움을 보기 위해서는 우리의 믿음의 눈이 열려야 한다네!

"이러므로 우리에게 구름 같이 둘러싼 허다한 증인들이 있으니 모든 무거운 것과 얽매이기 쉬운 죄를 벗어 버리고 인내로써 우리 앞에 당한 경주를 하며 믿음의 주요 또 온전하게 하시는 이인 예수를 바라보자 그는 그 앞에 있는 기쁨을 위하여 십자가를 참으사 부끄러움을 개의치 아니하시더니 하나님 보좌 우편에 앉으셨느니라 너희가 피곤하여 낙심하지 않기 위하여 죄인들이 이같이 자기에게 거역한 일을 참으신 이를 생각하라"(히 12:1-3).

우리는 이 일에 적극적이다, 하나님 역시도 그러하시다

그러니 모든 두려움과 변명을 그만 두게! 이 문제에 대한 하나님의 마음을 보면 싸움을 절반 이상은 승리한다네. 그리스도는 십자가에서 우리의 용서를 대가를 치르시고 얻으셨을 뿐만 아니라, 또한 우리의 성화도 대가를 치르시고 얻으셨다네. 우리가 하나님의 마음을 볼 때, 우리는 하나님의 은혜로 일하고, 기도하고, 전쟁하고 의지하고, 싸우고 신뢰하고, 일하고, 기대고, 우리의 역할을 다하고 하나님이 그분의 역할을 하실 것을 신뢰하고 결정할 수 있다네. 우리는 수동적이지도 않지만, 이 노력에서 우리는 혼자도 아니라네. "금과 은과 놋과 철이 무수하니 너는 일어나 일하라 여호와께서 너와 함께 계실

지로다"(대상 22:16).

여기에서 혼동하지 말게. 구원은 주님께 속한다네. 그분이 그것을 하신다네. 우리는 우리의 죄를 속죄하기 위해 단 한 가지도 할 수 없다네. 우리는 몸값을 치르기 위해 그 대가를 지불할 수 없다네. 그리고 우리의 마음을 움직이시고 그리스도 안에서 우리를 새 생명으로 이끌어 주시는 분은 바로 하나님이시라네. 우리는 이것을 우리 스스로 하지 않는다네. 하나님은 주권적으로 은혜롭게 그것을 하신다네. 우리는 단순히 믿음으로 우리의 죄를 용서받으며, 우리의 은혜로우고 거룩하신 하나님에 의해 의롭게 된다네. 마찬가지로 우리는 믿음으로 우리의 성화(그리스도를 닮아 성장)를 받고, 우리 안에서 일하시겠다는 하나님의 약속을 신뢰하고, 우리가 행동할 수 있도록 능력을 주시는 그분을 신뢰한다네.

따라서 영혼의 지속적인 성장 과정에서 우리는 수동적이지 않다네. 믿음은 적극적인 신뢰라네. 믿음은 게으름을 일으키지 않고 행동을 낳는다네. 그렇기 때문에 성경이 거룩한 성품을 추구할 때 그리스도인의 삶을 "씨름", "달리다", "깨어라", "근면하라"와 같은 말로 묘사하는 이유라네. 결국 우리는 우리가 원하는 만큼 거룩하고 행복하다네.

우리가 거짓말을 하고, 그분이 명령하시고 우리가 할 수 있게 하신 일을 하나님이 하시기를 수동적으로 기다리면 우리는 결코 발전하지 못할 것이네. 우리는 운동선수, 군인, 농부가 하나님이 명령하신 것에 대해 모든 은혜를 베푸신다는 것을 확신하는 것처럼 (참조. 딤후 2:1-7) 우리 그리스도인의 발전에 동일한 근면과 노력을 적용해야 한다네.

우리 주변 세계의 예를 들어보세. 우리는 가장 작은 꽃을 만들 수 없다네. 우리는 밀 한 줄기를 만들 수 없다네. 오직 하나님만이 하실 수 있다네. 우리의 모든 노력과 지혜는 무에서 무언가를 창조할 수 없다네.

"그가 가축을 위한 풀이 자라게 하시며"(시 104:14, NIV).

그러나 누가 우리가 하나님이 창조하신 것을 취하여 풍요롭게 만들기 위해 농부의 일이 필요하지 않다고 제안하겠는가?

"사람이 경작할 채소를 자라게 하시며"(시 104:14, NIV).

마찬가지로, 오직 하나님만이 태에서 아이를 형성하실 수 있다네. 생명의 기적을 창조하신 분은 바로 그분이시라네. 오직 그분만이 영혼을 창조하실 수 있으시다네. 그러나 그분이 결혼의 침상을 그 생명이 존재하게 하는 수단으로, 그리고 그 생명을 장성한 키가 되게 하기 위한 부모의 양육과 지혜를 정하셨다는 것을 누가 부인할 수 있겠는가?

그러므로 하나님은 주권적인 은혜와 능력으로 죽은 영혼에 생명을 주셔야 하신다네. 그분은 홀로 이것을 하실 수 있으시다네. 그분은 복음을 들음과 성령의 역사하심으로 그것을 하신다네. 그러나 우리는 그분의 깨우치심에 응답하기 위해 우리 자신을 분발케 해야 한다네. 어떤 의미에서 그것은 알람 시계에 반응하는 것과 같다네. 우리는 하나님만이 영혼을 깨우치셔서 기적적인 은밀한 내적 역사를 행하실 수 있다는 의미에서 수동적이라네. 하지만 우리는 반응에 적극적이라네. 하나님의 주권적인 일과 우리의 적극적인 반응 사이의 이러한 균형에 대한 생생한 묘사는 성경 어디에나 있다네.

"이에 그 사람에게 이르시되 손을 내밀라 하시니 그가 내밀매 다른 손과 같이 회복되어 성하더라"(마 12:13).

"예수께서 이르시되 일어나 네 자리를 들고 걸어가라 하시니 그 사람이 곧 나아서 자리를 들고 걸어가니라"(요 5:8-9).

"그러나 내가 나 된 것은 하나님의 은혜로 된 것이니 내게 주신 그의 은혜가 헛되지 아니하여 내가 모든 사도보다 더 많이 수고하였으나 내가 한 것이 아니요 오직 나와 함께 하신 하나님의 은혜로라"(고전 15:10).

죄인을 구원하시는 초기 사역에 하나님은 그들의 앞길을 막고 있는 마지못해 서 있는 것을 압제하시고 그들을 붙드시고 그들의 비뚤어진 길을 멈추게 하실 때가 있으신다네. 분명한 예는 다마스커스로 가는 길에 있는 사울(곧 바울이 됨)이라네. 우리가 알기로는 바울에게 하나님을 향한 마음의 움직임이 전혀 없는 것 같네. 하나님이 그를 압제하셨다네. 그러나 "정상적으로"– 개종의 첫 순간에도 – 하나님은 "수단"를 사용하신다네. 그것은 설교자가 죄인에게 회개하라고 설교하고 명령한다네. 죄인은 응답하고, 돌아서고, 회개하고, 와서, 믿는다네. 하나님은 그분만이 하실 수 있는 곳에서 일하고 계시지만, 사람은 응답으로 순종한다네. 우리는 외면을 보지만 하나님은 내면을 보시고 계신다네.

구원의 첫 순간에 적극적인 순종으로 응답해야 한다면, 우리 영혼의 이어지는 성장에 필요한 하나님의 역사에 대한 우리의 응답은 얼마나 더할까!

우리가 참 삶을 어떻게 발전시킬 것인가?

그래서 나의 다음 행복한 의무는 우리 안에서 이 소중한 생명이 발전하는 것을 보기 위해 우리가 취해야 할 과정을 보여주는 것이라네. 나는 이 문제에 있어서 완전하고 유일한 진리를 가지고 있지 않다고 말하게 되어 기쁘네. 친구는 도움이 될 다른 사람들, 즉 지혜를 가진 사람들을 찾을 것이네.

특정한 의사가 하나의 치료법을 처방하고 다른 의사가 똑같이 효과적인 다른 치료법을 처방할 수 있는 것처럼, 도움이 있고 내가 미치지 않는 곳에 지혜가 있다네! 하지만 다른 사람들이 다른 사람의 조언에 도움을 받을 수 있을지라도, 내가 공유하는 것이 친구에게 도움이 되기를 바라네. 하나님은 우리가 모두가 서로 다르기 때문에 남녀의 영혼을 다루는 한 가지 이상의 방법을 가지고 계신다네. 그러므로 우리가 다른 사람이 정확히 처방하거나 사용하지 않는 방식으로 도움을 찾더라도 화를 내거나 불안해 해서는 안된다네.

그래서 나는 친구가 다음에서 진정한 자유를 보기를 원하네. 그렇네, 그것에 대한 명령이 있지만, 이것은 율법이나 율법주의가 아니라네. 이것은 조리법이 아니라네. 우리는 케이크를 굽는 것이 아니라네. 우리는 그리스도 안에서 충만함에 이르는 길에서 서로 돕고 있다네. 그러나 다음과 같은 부분이 서로 맞아떨어지고, 열심히 적용한다면 가능한 한 참 생명으로 가는 길에 친구를 돕는 역할을 할 것이네.

다음에 대한 의도가 있다네. 도넛 상자를 들고 소파에 앉아 있으면 살이 찌지 않는 것처럼 사소한 일에 집중하는 동안에는 생명을 얻을 수 없다네. 얕은 곳에서 물을 튀기면 깊이 들어가지 않을 것이네. 결의, 의지, 필사적인 것이 있어야 한다네. 은혜는 우리를 게으르게 만들고 변명을 덮기 위해 사용할 수 있는 것이 아니라, 우리에게 능력을 부여하고 불가능하고 우리의 자연적 범위를 벗어난 일을 할 수 있도록 하는 것이라네.

그러니 용기를 내서 시작하세!

다른 무엇보다도, 모든 죄의 습관에서 벗어나자

우리가 이 거룩하고 경건한 삶을 진지하게 추구한다면, 진정으로 하나님을 영화롭게 해드리고 그분의 영광을 위해 살기를 원하고, 우리의 삶이 그분의 뜻과 우리 안에 온전히 형성되는 그분의 형상을 닮아가는 것이 진정 우리의 소망이라면, 그런 다음 우리는 외적으로 범하는 죄뿐만 아니라 우리 마음속에 은밀히 거하는 죄에 대해서도 전쟁을 선포해야 한다네. 여기에 진정한 결의가 있어야 한다네! 여기에 끊임없는 주의가 있어야 한다네! 모든 형태의 죄에서 의도적으로 돌이키고 떠나야 한다네. 친구는 여기서 "대충 후딱 해치울 수는 없다네". 그러나 친구는 그분의 초자연적인 도우심을 위해서 하나님께 이렇게 부르짖을 수 있다네. "하나님이여 주의 인자를 따라 내게 은혜를 베푸소서… 하나님이여 내 속에 정한 마음을 창조하시고 내 안에 정직한 영을 새롭게 하소서"(시 51:1, 10). 친구가 친구의 죄에서 돌이키기로 결심한다면 천국의 모든 것이 친구 편에 있는 것을 발견할 것이네!

참 회개는 심각한 일이라네! 폭력적이고 급진적이라네. 회개의 때는 위기의 때라네. 결정적인 순간이라네.

"만일 네 발이 너를 범죄하게 하거든 찍어버리라 다리 저는 자로 영생에 들어가는 것이 두 발을 가지고 지옥에 던져지는 것보다 나으니라 만일 네 눈이 너를 범죄하게 하거든 빼버리라 한 눈으로 하나님의 나라에 들어가는 것이 두 눈을 가지고

지옥에 던져지는 것보다 나으니라 거기에서는 구더기도 죽지 않고 불도 꺼지지 아니하느니라"(막 9:45-48).

그러나 회개는 생명으로 인도한다네!

"하나님의 뜻대로 하는 근심은 후회할 것이 없는 구원에 이르게 하는 회개를 이루는 것이요…"(고후 7:10).

우리는 감히 죄와 어떤 조약도 맺을 수 없다네. 우리는 반역의 모든 무기를 내려놓아야 한다네. 여기에 관대함이 있을 수 없다네. 모든 고의적인 죄는 영혼에 깊고 위험한 상처라네. 죄는 독이며, 동시에 우리의 영혼을 독살시키면 영적인 건강을 기대할 수 없다네. 죄는 우리를 하나님과 우리를 위한 그분의 모든 선하신 계획으로부터 멀어지게 한다네. 손이 더러우면 마음도 더러워진다네. (즉, 잘못을 해도 마음이 선하다는 거짓 위로를 적용할 수 없다네. 마음과 손은 활력이 있고 항상 연결되어 있다네.)

이제 나는 유혹이 강하다는 것을 인정하겠네. 나는 우리의 본성이 사악하고 타락했다는 것을 인정할 것이네. 그러나 나는 죄와 유혹에 저항하는 것이 불가능하다는 것을 인정하지 않을 것이네. 우리 몸에는 여전히 발이 우리를 데려가는 곳과

손이 가는 곳을 제어하는 힘이 있다네. 우리는 우리의 혀, 생각, 환상을 어느 정도 통제할 수 있다네. 우리는 완전히 무력한 것이 아니므로 변명의 여지가 없다네! 우리가 실제로 저항의 근육을 운동하기 시작한다면, 우리는 그것들이 더 강해지고 유혹이 약해지는 것을 발견할 것이네. 그러나 우리는 이것을 원해야 한다네! 그것은 우리 자신과 우리의 의지의 완전한 헌신을 요구할 것이네. 자연적인 의미에서도 우리가 할 수 있는 한 우리의 힘을 행사하려면 주의와 관심이 필요하다네. 많은 사람들은 "나는 그것을 어쩔 수 없다!"라는 핑계 뒤에 숨어 있다네.

예수님을 귀중히 여기는 것이 죄를 미워하는 비결이다

친구가 죄를 지을 때 친구는 실제로 "예수님, 지금 내가 당신보다 히 죄를 더 사랑하고 소중히 여기나이다."라고 말하고 있는 것이라네. 죄를 사랑하는 것의 반대는 예수님을 사랑하는 것이라네. 우리 안에 있는 그분의 사랑의 능력은 우리를 지배하는 죄의 능력보다 더 크다네. 그래서 비결은 "더 열심히 하는 것"이 아니라 "더 소중히 여기는 것"이라네. 우리가 우리의 옛 죄에 대한 새로운 능력을 발견하는 것은 그리스도– 죄를 포함한 그 어떤 것보다도 우리에 대한 그분의 사랑과 그분께 대한 우리의 사랑의 반응–를 소중히 여길 때라네. 우리가 관찰한 바와 같이, 하나님의 사랑(그리고 내가 덧붙이자면, 하나님과 우리의 사랑의 관계)은 죄를 몰아내는 능력이 있다네. 그것은 우리 삶에서 죄를 밀어낼 수 있다네.

친구가 친구의 삶에서 죄의 권세를 깨뜨리고 싶다면 성경을 펴고 마음을 하늘로 향하고 성령께 그분의 책에서 예수님의 영광을 보여달라고 간구하게. 친구가 그분의 말씀에서 친구의 구세주를 보고 음미하는 곳에 도달하는 것을 목표로 삼게. … 친구와 그분과의 관계가 이 세상의 모든 보화보다 친구에게 더 가치 있고 그 어떤 죄악의 쾌락보다 더 큰 기쁜 곳으로 가는 것을 친구의 목표로 삼게. 더 높은 것을 소중히 여기는 것은 일생동안 더 열심히 노력하는 것보다 친구의 영혼을 더 유쾌하게 할 것이네.

"…내가 어찌 이 큰 악을 행하여 하나님께 죄를 지으리이까?"(요셉이 보디발의 아내에게, 창 39:9).

적을 알라! 우리는 죄를 식별해야 한다

죄와 싸우려면 죄가 무엇인지 확실히 알 필요가 있다네. 죄를 식별하는 데 있어서 우리는 주변 사람들로부터 또는 사회의 공통된 의견으로부터, 심지어 우리가 "좋은 사람들"이라고 생각하는 사람들로부터도 감히 충고를 받지 못한다네. 우리 대부분은 죄, 특히 자신의 죄에 대해 매우 가벼운 견해를 가지고 있다네. 사실, 어떤 사람들에게 죄에 대해 정확히 말하는 것이 유일한 진짜 죄라네! 사회가 "큰 죄"라고 부르는 것이 아니라면(그리고 그 정의는 유행에 따라 변함), 대부분의 사람들은 사실 영혼에 치명적인 것들을 죄로 인식하지 않는다네. 우리는 우리의 죄에 관한 한 우리 자신을 많이 느슨하게 방임하는 경향이 있다네. 우리 대부분은 많은 자부심과 허영심을 받아들인다네. 우리는 우리의 행동과 말에 어리석음과 더러움을 허용한다네. 우리가 그러한 죄를 본다고 하더라도 죄에 대한 우리의 진전은 종종 천천히 기어가고 우리의 승리는 거의 없다네. 우리에게 더 나은 전략이 필요한 것은 분명하네!

첫째, 우리는 각자가 하나님 앞에서 스스로 대답해야 한다는 것을 인식해야 한다네. 그리고 그날은 "빌이 해냈어!" 또는 "내가 어떤 사람들보다 더 잘했어!"라고 말하는 것이 아무 소용이 없을 것이네. "이는 우리가 다 반드시 그리스도의 심판대 앞에 나타나게 되어 각각 선악 간에 그 몸으로 행한 것을 따라 받으려 함이라"(고후 5:10).

우리가 평가받을 기준이 아닌 다른 기준으로 우리 자신을 판단하는 것은 어리석은 - 정말 어리석은 -것이라네. 우리가 정상으로 되돌아가고 우리의 길을 바로 잡으려면 그것은 오직 하나님의 말씀에 주의를 기울일 때만 가능하다네(참조, 시 119:9). 하나님의 말씀은 빠르고 날카로우며 꿰뚫어 보고 분별할 수 있기 때문에(참조, 히 4:12) 오직 하나님의 말씀만이 우리의 깊은 곳을 살피며 흑암에 감추인 것과 우리가 볼 수 없는 것을 드러낼 수 있고, 아마도 다른 사람들의 눈에 좋게 받아들여질 것이네.

"사람의 행사로 논하면 나는 주의 입술의 말씀을 따라 스스로 삼가서 포악한 자의 길을 가지 아니하였사오며"(시 17:4).

우리가 질병을 몹시 싫어하는 만큼 죄를 증오한다면 우리는 더 나은 삶을 살 것이네. 심각한 질병을 예고하는 작은 기침처럼 작은 죄가 미래의 고통의 불씨를 예고할 수 있다네. 우리는 죄가 어디서 시작되는지 알 수 있지만, 죄가 어디에서 끝날지 결코 알 수 없다네. 탕자는 아버지 집에서 대담하게 그의 아버지의 집을 큰 걸음으로 성큼성큼 나가버렸을 때, 돼지 우리를 생각하지 못했다네. 삼손의 작은 무분별한 경솔로 그는 그의 시력 이상을 잃게 되었다네. 그는 그의 삶에서 하나님의 임재를 잃었다네. 목록은 계속될 수 있다네. 유다, 데마, 발람. 죄는 심각하다네. 죄는 치명적이라네. 죄는 우리의 가장 큰 증오를 받아야 마땅하다네.

우리는 하나님이 어떻게 생각하시는지 알아야 한다네! 우리는 그분의 말씀에서 우리에게 그것을 보여 주신 그분의 마음을 알아야 한다네. 우리는 예수님이 무슨 말씀을 하시고 사도들이 무슨 말을 하는지를 알아야 한다네. 우리는 우리의 성경을 읽고 복종해야 하며, 기도로 우리의 마음이 그분께 불쾌하게 해드린 것에 대해 깨닫게 해달라고 구해야 한다네. 정직한 의도로 그렇게 한다면 그때 만이 우리는 죄에 대한 하나님의 마음을 알 수 있을 것이네. 그 다음에 하나님께서 죄에 대해 어떻게 생각하시는지 알게 되었음으로, 우리는 다시는 죄를 가볍고 무해한 것으로 여기지 않을 것이라는 결정을 내릴 필요가 있다네. 우리는 죄에 대해 농담하고 죄가 중요하지 않은 것처럼 죄를 취급하지 않을 것이네. 사실, 우리는 가장 작은 죄가 극히 사악하고 위험하다는 것을 완전히 확신할 필요가 있다네. 가장 작은 죄는 육체에 가장 작은 악성 종양이 가지고 있는 것처럼 영혼에 치명적인 힘을 가지고 있다네. 아무도 "작은" 암에 기뻐하지 않을 것이네. 그들은 암이 제거되기를 바란다네! 그들은 홀로 방치하면 그것의 위험을 겪는다네! 우리가 올바로 생각한다면 우리는 가장 큰 죄만큼이나 사소한 죄로 타격을 받을 것이네. 둘 다 하나님 보시기에 대단히 사악하고 둘 다 영혼을 파멸시킬 힘이 있다네!

죄가 우리를 어디로 이끌어갈지 생각하는 것이 우리가 죄를 저항하는 데 도움이 될 것이다

하나님이 우리에게 죄악된 것들을 보여주실 때, 우리는 그중 일부가 우리에게 매우 소중한 것임을 알게 될 것이네. 우리는 오랫동안 그들 중 일부를 사랑했다네! 우리는 그들 중 일부에서 위안을 얻는 법을 배웠다네. 그들 중 일부는 우리에게 너무 소중해서 우리는 특별한 경우에만 그것들을 꺼낸다네! 그렇기 때문에 예수님은 회개가 죄 많은 우리 자신에게 매우 고통스럽고 심지어 불구가 될 수 있다고 말씀하신다네.

"만일 네 눈이 너를 범죄하게 하거든 빼버리라 한 눈으로 하나님의 나라에 들어가는 것이 두 눈을 가지고 지옥에 던져지는 것보다 나으니라"(막 9:47).

그렇다면, 우리는 회개하기 쉽고 죄가 없어질 때까지 우리의 죄를 소중히 여기며 기다려야 하는가? 암이 더 커지면 오늘보다 암을 내일 제거하는 것이 더 쉬울까? 이 일을 해 나가는 것이 오늘보다 결코 쉽지 않을 것이네! 싫증이 날 때까지 놀이에 매달렸다가 그것을 그냥 놔두는 어린아이처럼 되지 말게. 죄는 그런 식으로 작용하지 않는다네. 죄는 우리에게 달라붙는다네. 죄는 우리가 탐닉할 때마다 더 깊이 스며든다네. 또한 하나님이 우리에게 계속 이 일을 처리하라고 재촉하고 계실 때, 하나님이 우리를 변화시키시고 우리에게 그것을 쉽게 해주시기를 수동적으로 기다려서는 안 된다네.

하나님은 우리를 도우실 준비가 되어 있으시다네! 그분의 성령은 우리의 연약한 노력에 힘을 실어주시고 우리의 약한 회개에 힘을 더해 주실 것이네. 우리는 결코 죄가 드러나는 것을 꺼려서는 안 된다네. 예수님은 우리의 마음에서 죄를 씻는 전문가이시기 때문이라네! 기꺼이 죄를 발견하고 회개할 준비를 하게!

"만일 우리가 죄가 없다고 말하면 스스로 속이고 또 진리가
우리 속에 있지 아니할 것이요 만일 우리가 우리 죄를 자백하
면 그는 미쁘시고 의로우사 우리 죄를 사하시며 우리를 모든
불의에서 깨끗하게 하실 것이요"(요일 1:8-9).

우리가 지옥에서 벗어나고 싶은 욕망보다 더 회개할 동기가
없다고 잠시 가정해 보세. 우리가 하나님의 사랑과 같은 더 높
은 원칙이나 우리 삶에서 그분이 영광을 받으시는 것을 보고
자 하는 열망에 감동되지 않는다고 상상해 보세. 자, 그 이기
적인 동기, 즉 죄의 끔찍한 결과를 피하려는 열망이 우리에게
회개하는 쪽으로 밀어제치게 하세. 이기심이 우리로 하여금
죄악된 쾌락을 추구하게 만들었다면, 죄가 필연적으로 가져오
는 형벌을 피할 수 있도록 그러한 쾌락에서 돌아서는 데 도움
이 되도록 하세. 적어도 처음에는 우리 자신의 무기로 이기심
과 싸우게. 친구의 죄가 우리의 죄를 미워하시는 하나님께 끼
친 죄와 인내하시는 하나님을 마침내 분노하시게 하는 것이
얼마나 두려운 일인지를 멈추고 생각해 보는 것은 친구에게
아무런 해가 되지 않을 것이네. 친구의 모든 존재가 하나님의
놀라우신 자비에 달려 있다는 것과 의존하고 있다는 사실을
고려하는 것은 결코 잘못된 것이 아니라네. 그리고 그분이 하

실 일은 친구에게 친구가 마땅히 받아야 할 것을 주시는 것이라네. 그렇지 않으면 친구는 영원히 비참할 것이네.

사람들은 이렇게 생각하기를 원하지 않지만 그렇게 해야 한다네. 우리가 죄와 죽음에서 벗어나 참된 생명으로 나아가려면 우리는 반드시 그래야 한다네.

우리는 우리 삶의 짧음과 죽음의 가까움에 대해 자주 생각할 필요가 있다네. 지구를 몇 바퀴만 더 돌고, 대화를 몇 번 더하고, 기쁨과 슬픔을 몇 번 더하면, 우리 모두는 어둡고 차가운 무덤에 묻힐 것이네. 우리가 회개하지 않았다면 상상할 수 없는 고통과 우리의 모든 비열한 향락에 대해 후회할 것이네. 시간을 갖고 죄가 있는 영혼의 비참함에 대해 생각해 보게. 무방비 상태로 구세주 없이, 거룩하고 공정하고 엄중한 재판관 앞에 드러나는 죄책이 있는 영혼에 대해서 생각해 보게. 큰 일뿐만 아니라 입 밖에 낸 모든 말과 모든 고려했던 생각을 설명하기 위해 그곳에 서 있게 된다네.

"내가 너희에게 이르노니 사람이 무슨 무익한 말을 하든지 심판 날에 이에 대하여 심문을 받으리니"(마 12:36).

"주께서 우리의 죄악을 주의 앞에 놓으시며 우리의 은밀한 죄를 주의 얼굴빛 가운데에 두셨사오니"(시 90:8).

우리에게 예수님이 얼마나 필요한가!

우리는 이생의 마지막 날을 자주 생각하는 것이 좋을 것이네. 그것은 오늘날 우리가 잘사는 데 도움을 줄 것이네. 그보다 우리는 우리가 알고 있는 역사가 끝날 때를 자주 숙고해야한다네. 땅의 바로 그 기초가 흔들리는 날이 올 것이네. "그러나 주의 날이 도둑 같이 오리니 그 날에는 하늘이 큰 소리로 떠나가고 물질이 뜨거운 불에 풀어지고 땅과 그 중에 있는모든 일이 드러나리로다"(벧후 3:10). 그 때 우리는 우리의 소중한 주 예수님을 우리의 눈으로 보게 될 것이네. 비천함과 겸손으로 이 세상에 오시어 우리의 죄 값을 치르시고 죄와 사탄과죽음에서 우리를 대속하시기 위해 겸손이 아니라 위엄, 불타는 불로 나타나실 것이네. 그러면 그분은 원수들의 모든 사악에 대해 복수하시고 그리고 그들이 그분을 버렸다고 생각하는모든 사람들을 처리하실 것이네. "주님이 오실 때까지 기다리라. 주님이 어둠에 감추인 것들을 것들을 밝히시고 마음의 동기를 드러내실 것이다"(고전 4:5).
그때 그날에 - 이것에 대해 생각해 보게 - 세상 사람들이 우리 안에 있는 줄 결코 상상도 못했던 은밀한 죄들, 비열한 사기 행위들이 드러나고 모든 사람들이 볼 수 있도록 공개될 것이네. 우리가 결코 죄라고 생각하지 않았던 수천 가지의 행동, 말, 의도가 우리의 완전히 깨어난 양심을 명확히 깨닫게 할 것이네. 그때 우리의 죄책의 자각이 우리와 모든 사람들이 우리의 사정이나 원인을 논증하는 데 아무런 의미가 없을 것이라는 것을 아주 분명하게 볼 것이네.

하늘의 모든 천사와 세상에 살았던 모든 신자들은 우리의 거룩하신 하나님의 무서운 선고를 승인할 것이네. 사악함이 너무나 명백해서, 사악함을 가장 사랑했던 사람들조차도 마침내 그들의 감각이 깨어났을 때 그들이 벌을 받아 마땅하다는 것을 하나님께 동의하게 될 것이네. 따라서 그들은 상소하지 않을 것이지만, 그들이 한때 사랑했던 것을 싫어하면서, 그들은 그들 자신에 대해 하나님께 동의할 것이네.

예수 그리스도는 가장 생생한 용어로 영원한 형벌에 대해 말씀하신다네. 여기 죄인의 친구이신 분이 계신다네. 그러나 그분은 형언할 수 없는 것을 설명하시기 위해 가장 강력한 비유를 사용하신다네. 우리는 그분의 경고에 세심한 주의를 기울이고 그분이 우리에게 압박하시는 모습과 상황에 대해 생각해야 한다네. 시종 현실이 비유보다 더 나쁠 것이라는 사실을 계속 기억하고 있게. 이 주제가 불쾌한 만큼, 말하고 생각하는 것이 싫은 만큼, 그 경험은 지금 어떤 검토보다도 훨씬 더 심할 것이네. 우리가 이것을 감당할 수 없다면, 우리는 어떻게 그것을 처리할 것이라고 생각하는가? 소망은 예수님이 심판과 벌을 성경에서 어떻게 설명하시는지를 보면서 우리는 두려워서 우리의 행로를 바꾸도록 설득당할 수 있다는 것이라네. 그렇지 않았다면 왜 예수님은 우리에게 그런 생생한 방법으로 경고하셨겠는가? 우리가 우리의 죄를 사랑하고 하나님에 대한 반역을 좋아하는 만큼 영원한 진노에 대한 묵상이 우리를 돌아서게 해야 한다네!

"몸은 죽여도 영혼은 능히 죽이지 못하는 자들을 두려워하지 말고 오직 몸과 영혼을 능히 지옥에 멸하실 수 있는 이를 두려워하라"(마 10:28).

"한 부자가 있어 자색 옷과 고운 베옷을 입고 날마다 호화롭게 즐기더라 그런데 나사로라 이름하는 한 거지가 헌데 투성이로 그의 대문 앞에 버려진채 그 부자의 상에서 떨어지는 것으로 배불리려 하매 심지어 개들이 와서 그 헌데를 핥더라 이에 그 거지가 죽어 천사들에게 받들려 아브라함의 품에 들어가고 부자도 죽어 장사되매 그가 음부에서 고통 중에 눈을 들어 멀리 아브라함과 그의 품에 있는 나사로를 보고 불러 이르되 아버지 아브라함이여 나를 긍휼히 여기사 나사로를 보내어 그 손가락 끝에 물을 찍어 내 혀를 서늘하게 하소서 내가 이 불꽃 가운데서 괴로워하나이다 아브라함이 이르되 얘 너는 살았을 때에 좋은 것을 받았고 나사로는 고난을 받았으니 이것을 기억하라 이제 그는 여기서 위로를 받고 너는 괴로움을 받느니라 그뿐 아니라 너희와 우리 사이에 큰 구렁텅이가 놓여 있어 여기서 너희에게 건너가고자 하되 갈 수 없고 거기서 우리에게 건너올 수도 없게 하였느니라 이르되 그러면 아버지여 구하노니 나사로를 내 아버지의 집에 보내소서 내 형제 다섯이 있으니 그들에게 증언하게 하여 그들로 이 고통받는 곳에 오지 않게 하소서"(눅 16:19-28).

다른 어떤 책보다도 사랑(그리고 특히 하나님의 사랑)을 더 많이 말하는 책인 성경이 하나님이 미워하시는 우리가 사랑하는 죄에서 우리를 끌어내지 않는다면 분노와 지옥에 대해 그렇게 열정적으로 말씀하는 이유가 무엇이라고 생각하는가? 성경의 서술은 그리스도인의 마음뿐만 아니라 가장 육적인 마음에 영향을 미치도록 계산되었다네. 지옥에 대한 두려움이 사람을

진정으로 선하게 만들 수 없으며 그것이 마음을 변화시킬 수
도 없다는 것은(의심할 여지 없이) 사실이라네. 그러나 그것은 절
제하고 깨우는데 사용될 수 있고 사랑과 은혜의 더 나은 메시
지를 위한 길을 닦는다네.

우리는 항상 우리 자신을 조심해야 한다

이제, 우리가 항상 자신을 경계해야 할 필요성을 느끼지 못
한다면, 이러한 것들을 생각하고, 그것들에 대한 가치에 감동
을 받고, 그것에 대해 결정적인 선택을 하는 것은 전혀 소용
이 없을 것이네. 이것은 타협할 수 없다네! "모든 지킬 만한
것 중에 더욱 네 마음을 지키라 생명의 근원이 이에서 남이니
라"(잠 4:23). 많은 사람들이 자극을 받고, 각성하고, 자각하지
만, 그러나 잠시 동안만이라네. 얼마 지나지 않아 그들은 잠들
고, 말하자면, 그리고 다시 한 번 영원한 시각를 잃는다네. 우
리의 감시가 틈을 보였을 때 사탄이 공격하는 것은 바로 그때
라네. 우리의 문에는 "두드리는 소리-두드리는 소리"가 있으
며, 때때로 우리는 들어 오고 싶어하는 실체가 우리 영혼의 증
오자라는 사실을 깨닫기도 전에 그들에게 문을 열어 줄 수 있

다네! 바보처럼 우리들 중 많은 사람들은 우리를 향한 모든 위험에 거의 깨어 있지 않고, 우리가 생각하고, 말하고, 행동하고, 어디로 가는지에 대해, 또는 우리가 함께 해 주는 사람에 대해 거의 또는 전혀 생각하지 않고, 단단히 고정된 "모험"(소위)의 삶을 살고 있다네.

이것은 매우 심각한 일이라네. "더 잘하라"는 몇 가지 금방 지나가 버리는 충동을 넘어서 우리 안에서 번성하는 참 삶을 원한다면, 우리는 우리의 방식에 주의할 필요가 있다네. 우리는 우리의 마음을 연구하고 그들의 충동과 동기를 알아야할 필요가 있다네. 우리의 열정은 어디에서 나오고 어디로 향하고 있는가? 무엇이 특정한 행위, 생각 또는 말을 자극하는가? 그것은 하나님께 영광을 돌려드리고 더 나은 자신과 다른 사람들에게 유익할까? 우리는 항상 하나님의 면전에 있다는 것을 생생하게 깨달음으로 살아가는 법을 배워야 한다네. 우리는 항상 우리를 주시하시는 그분을 주시할 필요가 있다네. 우리는 우리가 그분의 빛에 둘러싸여 있다는 사실을 참으로 알아야 한다네. 우리가 그분께 나오지 않는 더러움을 숨길 수 있는 어두운 구석은 없다네.

이러한 현실은 우리의 습관적인 사고방식이 되어야 한다네. 항상 현존하시는 하나님에 대한 의식적인 감각은 죄에 대한 가장 큰 억지력이자 가장 위대한 발견자라네. 친구나 내가 무슨 변명을 할 수 있든 간에, 그러나 우리는 죄를 비위에 맞게 할 수 있지만, 우리는 우리의 변명으로 감히 하나님의 얼굴을 똑바로 쳐다볼 수 없다네. 우리가 그분을 바라보면 그분은 그분의 빛을 우리에게 비추실 것이네. 그분은 우리를 가르치시고, 바로잡으시고, 인도하실 것이네.

여호와여 주께서 나를 살펴보셨으므로 나를 아시나이다 주께서 내가 앉고 일어섬을 아시고 멀리서도 나의 생각을 밝히 아시오며 나의 모든 길과 내가 눕는 것을 살펴보셨으므로 나의 모든 행위를 익히 아시오니

여호와여 내 혀의 말을 알지 못하시는 것이 하나도 없으시니이다 주께서 나의 앞뒤를 둘러싸시고 내게 안수하셨나이다 이 지식이 내게 너무 기이하니 높아서 내가 능히 미치지 못하나이다

내가 주의 영을 떠나 어디로 가며 주의 앞에서 어디로 피하리이까 내가 하늘에 올라갈지라도 거기 계시며 스올에 내자리를 펼지라도 거기 계시니이다

내가 새벽 날개를 치며 바다 끝에 가서 거주할지라도 거기서도 주의 손이 나를 인도하시며 주의 오른손이 나를 붙드시리이다

내가 혹시 말하기를 흑암이 반드시 나를 덮고 나를 두른 빛은 밤이 되리라 할지라도 주에게서는 흑암이 숨기지 못하며 밤이 낮과 같이 비추이나니 주에게는 흑암과 빛이 같음이니이다

주께서 내 내장을 지으시며 나의 모태에서 나를 만드셨나이다 내가 주께 감사하옴은 나를 지으심이 심히 기묘하심이라 주께서 하시는 일이 기이함을 내 영혼이 잘 아나이다

내가 은밀한 데서 지음을 받고 땅의 깊은 곳에서 기이하게 지음을 받은 때에 나의 형체가 주의 앞에 숨겨지지 못하였나이다 내 형질이 이루어지기 전에 주의 눈이 보셨으며 나를 위하여 정한 날이 하루도 되기 전에 주의 책에 다 기록이 되었나이다

하나님이여 주의 생각이 내게 어찌 그리 보배로우신지요 그 수가 어찌 그리 많은지요 내가 세려고 할지라도 그 수가 모래보다 많도소이다 내가 깰 때에도 여전히 주와 함께 있나이다

하나님이여 주께서 반드시 악인을 죽이시리이다 피 흘리기를

즐기는 자들아 나를 떠날지어다 그들이 주를 대하여 악하게 말하며 주의 원수들이 주의 이름으로 헛되이 맹세하나이다

여호와여 내가 주를 미워하는 자들을 미워하지 아니하오며 주를 치러 일어나는 자들을 미워하지 아니하나이까 내가 그들을 심히 미워하니 그들은 나의 원수들이니이다

하나님이여 나를 살피사 내 마음을 아시며 나를 시험하사 내 뜻을 아옵소서

내게 무슨 악한 행위가 있나 보시고 나를 영원한 길로 인도하소서(시 139).

우리는 우리의 행동을 규칙적으로 점검해야 한다

우리 자신을 돌보는 것은 그리스도인의 삶의 대단한 "사치스러운"판이 아니라네. 이것은 주님과 동행하는 일에 성공할 모든 사람에게 필요하다네. 부주의한 길은 멸망의 길이라네. 그것은 굳어진 양심의 길이라네. 생명에 이르는 길은 신중한

사람의 길이며 예민한 양심의 길이라네. 우리는 우리의 재정, 취미, 집, 직업과 마찬가지로 우리의 영혼에도 힘쓰는 법을 배워야 한다네. 여기에는 우리의 생각과 행동을 확인하고 검토하는 것이 포함된다네. 우리는 종종 우리가 이전에 그럴싸하게 얼버무리고 묵살한 죄를 보게 될 것이네. 십자가로 가는 많은 여행이 있고, 겸손한 고백과 회개가 여러 번 있을 것이네. 눈물이 있을 것이지만 회개의 눈물은 언제나 기쁨으로 이어진다네! 자기반성의 시간은 옛 습관을 버리고 하나님을 열심히 따르겠다는 결심을 강화하는 시간이 될 것이네. 그런 시간들이 우리에게 죄가 어떻게 자리를 잡았는가를 이해하는 데 도움이 될 것이기 때문에 우리는 미래에 대한 사탄의 시험과 전술에 대항하는 전략을 개발할 수 있을 것이네.

지혜롭고 부지런한 예수님을 따르는 사람들이 종종 하루가 끝날 때 그날의 삶과 그들의 마음을 점검하기 위해 시간을 내어 왔다네(은행원이 하루 일과를 마칠 때 재고조사를 하듯이). 그러면 우리는 그날의 승리에 위안을 얻을 수 있을 뿐만 아니라, 그 실패를 바로잡을 수 있고, 하나님의 은혜의 보좌 앞에서 우리의 죄를 고백할 수 있고, 잠자기 전에 복음서에서 위로를 받을 수 있으며, 내일을 위해 더 안전하고 더 나은 진로를 정할 수 있다네.

우리는 이 모든 것에서 고결한 삶은 예술이며, 신중한 결정과 행동이 필요하다는 것을 알 수 있다네. 그러나 이런 일을 하는 것은 우리 안에서 예수님의 일을 크게 진전을 시킬 것이며, 순결을 위한 싸움에서 우리에게 점점 더 많은 승리를 안겨줄 것이네. 이것은 정말로 진지한 운동선수, 또는 음악가, 또는 승리에 열중하는 군인과 다를 바 없다네.

이 모든 일에 기도하는 것을 잊지 말게! 우리는 우리의 은혜로우신 하나님의 초자연적인 도움 없이는 진전을 보일 수 없다네. 그리고 친구가 하나님께 그분의 도움을 청할 수 있다고 느끼기 전에 스스로 진전을 이룰 때까지 기다리지 말게. 지금 그분께 부르짖기 시작하게. 삶의 흔히 있는 재난을 피하는 것만큼 거룩함을 얻는 데 적어도 많은 관심을 기울이게. 친구에게 너무나 쉽게 접근한 것처럼 보이는 죄는 하나님의 능력 없이는 떠나지 않을 것이네. 그리고 친구의 기도 생활이 여전히 바랄 것이 많고 친구의 마음이 약하더라도, 거기에 마음을 뒤흔드는 것이 친구의 약한 기도를 훨씬 더 간절하게 만들 것이네. 하나님이 공중의 새들을 돌보신다면, 그들이 지옥을 피하고 싶어하는 것보다 더 높은 동기가 아니더라도, 틀림없이, 더 듬거리는 제자의 실낱같은 울부짖음을 들으실 것이네. 더욱이 친구의 죄에 대한 기도는 실제로 전투에 대한 친구 자신의 결심을 강화시킬 것이네. 우리의 마음은 우리가 그분의 마음에 부르짖을 때 영향을 받을 것이네! 상식은 친구가 마지막 순간에 구원을 위해 하나님께 부르짖었던 이 순간에 친구가 죄를 받아 들일 가능성이 적다는 것을 친구에게 말해 줄 것이네.

친구여! 시험의 처음 순간에 예수님께 달려가게! 우리의 적은 친구에게 거짓말을 하고, 친구에게 예수님이 친구가 고군분투할 때 친구를 맞이 하지 않으시고 그분은 오직 "승리한 추종자들"만을 원하신다고 말할 것이네. 그러나 우리가 절박하고 궁핍할 때 그분은 우리를 가장 원실 때라네. 그러나 우리가 (그분께) 최악일 때 그분은 (우리를 위해) 최선을 다하시고 계신다네!

"그러므로 우리에게 큰 대제사장이 계시니 승천하신 이 곧 하나님의 아들 예수시라 우리가 믿는 도리를 굳게 잡을지어다 우리에게 있는 대제사장은 우리의 연약함을 동정하지 못하실 이가 아니요 모든 일에 우리와 똑같이 시험을 받으신 이로되 죄는 없으시니라 그러므로 우리는 긍휼하심을 받고 때를 따라 돕는 은혜를 얻기 위하여 은혜의 보좌 앞에 담대히 나아갈 것이니라"(히 4:14-16).

파종과 수확의 피할 수 없는 법칙

친구여, 친구나 나나 누구도 파종과 수확의 법칙을 피할 수 없다네. 친구는 나쁜 것을 친구의 삶에 심고 좋은 것을 거둬들이기를 기대할 수 없다네. 친구가 생명을 얻고 싶다면, 친구는 그 안에 생명을 주는 씨앗을 심어야 한다네. 친구가 보는 것, 친구가 읽는 것, 친구가 듣는 것, 친구가 사귀는 친구, 이 모든 "씨앗"들은 틀림없이 그들의 종류에서 생명이나 죽음으로 생산될 것이네. 부주의하게 살고 예수님 안에서 행복하기를 기대하는 것은 어리석음과 뻔뻔스러운 일이라네. 친구가 생명을 수확하고 싶다면 생명의 씨앗을 뿌리는 법을 배우게! 농부가 유해한 씨앗을 파괴하는 것처럼 모든 나쁜 씨앗을 확실하고 무자비하게 제거하게.

"스스로 속이지 말라 하나님은 업신여김을 받지 아니하시나니 사람이 무엇으로 심든지 그대로 거두리라 자기의 육체를 위하여 심는 자는 육체로부터 썩어질 것을 거두고 성령을 위하여 심는 자는 성령으로부터 영생을 거두리라 우리가 선을 행하되 낙심하지 말지니 포기하지 아니하면 때가 이르매 거두리라"(갈 6:7-9).

"끝으로 형제들아 무엇에든지 참되며 무엇에든지 경건하며 무엇에든지 옳으며 무엇에든지 정결하며 무엇에든지 사랑 받을 만하며 무엇에든지 칭찬받을 만하며 무슨 덕이 있든지 무슨 기림이 있든지 이것들을 생각하라 너희는 내게 배우고 받고 듣고 본 바를 행하라 그리하면 평강의 하나님이 너희와 함께 계시리라"(빌 4:8-9).

합법적인 일에도 자제하는 것은 가치가 있다

우리는 우리의 식욕과 충동을 제어해야 하다네. 우리가 생명을 추구하려면 죄를 피해야 한다는 것은 분명하다네. 그러나 지혜는 우리가 불법적인 것들을 제어하려면, 죄가 아닌 것들을 포함해서 모든 충동과 욕망을 제어하는 것을 배우는 것이 도움이 된다는 것을 우리에게 가르쳐 줄 것이네. 요컨데, 우리는 우리 자신의 주인이 되어야 한다네. 그래야만 우리의 영적 자아의 지배 아래 우리의 선천적인 자아가 정복될 것이네.

"모든 것이 내게 가하나 다 유익한 것이 아니요 모든 것이

내게 가하나 내가 무엇에든지 얽매이지 아니하리라"(고전
6:12).

때때로 현명한 부모들은 겉보기에 사소한 문제에도 반대하
여 그들의 자녀들의 뜻을 복종시켜서, 그들이 성장할 때 그들
이 더 큰 문제에서도 훈련을 받을 수 있도록 할 것이네. 따라
서 우리는 더 중요한 것(예. 성생활 습관과 돈 습관)을 지배할 수 있
도록 작은 것(예. 식습관과 수면 습관)에 우리 자신을 훈련시켜야
한다네.

교만과 허영심을 다스리고 싶다면, 잘한 일에 대해 동료들
의 정당하고 합당한 칭찬을 듣지도, 요구하지도, 좋아하지도
않는 법을 배우게. 그리고 친구가 다른 사람들에게 잘못을 지
적받고 있을 때, 친구의 실정을 입증하고 친구의 결백을 주장
할 충분한 이유가 있다고 느끼더라도 그것을 받아들이는 법
을 배우게.

복수심에 찬 마음으로 다른 사람에게 말을 걸어 자신을 방
어하지 않는 법을 배우게. 당신이 이 사람이나 그 사람에게 어
떻게 학대를 받았는지 다른 사람들에게 말하는 것에 만족하지
말게. 우리가 말로 죄를 짓지 않는 법을 배우고 싶다면, 그 다
루기 힘든 위험한 혀를 진정으로 통제할 수 있을 때까지 평화

를 유지하고 말을 적게 하는 법을 배워야 한다네. … "말이 많
으면 우매한 자의 소리가 나타나느니라"(전 5:3).

"… 그리스도도 너희를 위하여 고난을 받으사 너희에게 본을
끼쳐 그 자취를 따라오게 하려 하셨느니라 그는 죄를 범하지
아니하시고 그 입에 거짓도 없으시며 욕을 당하시되 맞대어
욕하지 아니하시고 고난을 당하시되 위협하지 아니하시고 오
직 공의로 심판하시는 이에게 부탁하시며"(벧전 2:21-23).

그러므로 우리는 우리의 선천적인 충동과 성향에 밧줄을 걸
어 "아니오"에 익숙해지도록 해야 한다네. 그렇게 함으로써 우
리는 우리의 모든 선천적인 자아를 더 높은 주인께 복종하게
하는 것을 발견하게 될 것이네.

우리는 세상과의 사랑에서 벗어나기 위해 모든 노력
을 기울여야 한다

이생의 것들에 집착하는 것은 너무나 쉽다네. 확실히 하나
님은 우리에게 합당한 위치에서 즐길 수 있는 모든 좋은 것

을 주셨다네. 그러나 지속되지 않을 일에 너무 많은 애정과 관심을 기울이는 것은 위험할 정도로 쉽다네. 그리고 우리가 이 생의 것들에 사로잡힐수록 우리의 영은 더 우울해지고, 천국을 향한 우리의 발걸음은 더디게 되고, 하나님을 향한 우리의 마음은 더 둔해지는 것이 사실이라네. 이 세상의 "지나친 사랑"에서 벗어나는 첫 번째 단계는 이 세상의 공허함, 허영심, 그리고 아무리 좋아도 마음을 만족시킬 수 없다는 사실을 스스로 확신하는 것이라네. 솔로몬의 쓰라린 경험을 기억하게.

"나의 사업을 크게 하였노라 내가 나를 위하여 집들을 짓고 포도원을 일구며 여러 동산과 과원을 만들고 그 가운데에 각종 과목을 심었으며 나를 위하여 수목을 기르는 삼림에 물을 주기 위하여 못들을 팠으며 남녀 노비들을 사기도 하였고 나를 위하여 집에서 종들을 낳기도 하였으며 나보다 먼저 예루살렘에 있던 모든 자들보다도 내가 소와 양 떼의 소유를 더 많이 가졌으며 은 금과 왕들이 소유한 보배와 여러 지방의 보배를 나를 위하여 쌓고 또 노래하는 남녀들과 인생들이 기뻐하는 처첩들을 많이 두었노라 내가 이같이 창성하여 나보다 먼저 예루살렘에 있던 모든 자들보다 더 창성하니 내 지혜도 내게 여전하도다 무엇이든지 내 눈이 원하는 것을 내가 금하지 아니하며 무엇이든지 내 마음이 즐거워하는 것을 내가 막지 아니하였으니 이는 나의 모든 수고를 내 마음이 기뻐하였음이라 이것이 나의 모든 수고로 말미암아 얻은 몫이로다 후에 내가 생각해 본즉 내 손으로 한 모든 일과 내가 수고한 모든 것이 다 헛되어 바람을 잡는 것이며 해 아래에서 무익한 것이로다.

이러므로 내가 사는 것을 미워하였노니 이는 해 아래에서 하는 일이 내게 괴로움이요 모두 다 헛되어 바람을 잡으려는 것이기 때문이로다"(전 2:4-11, 17).

우리는 그리스도를 무엇보다도 사랑하고, 이 세상과 그 방식을 사랑하지 않는다고 말하는 것은 매우 쉽다네. 그런 말은 특히 우리가 그리스도인 친구들과 이야기할 때 우리의 혀로 쉽게 외워서 술술 말할 수 있다네. 우리는 그렇게 말해야만 한다네! 그러나 더 깊은 곳에서 우리의 마음은 우리의 입이 그렇게 쉽게 말하는 것에 대해 거의 느끼지 못한다네. 우리는 이 세상의 모든 것이 "무가치"라고 말할 수 있지만 이러한 "무가치"는 거의 모든 시간, 생각, 에너지 및 재능을 차지한다네! 우리가 너무 소중하게 여기지 않는다고 주장하는 이러한 "아무것도 아닌 것"은 하나님과 영원한 것에 대한 우리의 사랑을 약화시키고 우리를 끊임없이 속여 죄를 짓게 만든다네.

좋은 날에는 우리는 특정한 세속적 기쁨에 대해 일종의 결단을 내리고 그것을 묵살할 수 있다네. 그러나 종종 이러한 결의는 피상적이라네. 우리가 그것을 만들자 마자 헛된 일이 다시 문을 두드리고 있다네. 정문이 아니면 뒷문이라네. 우리의 뜨뜻미지근한 방향 전환은 세상이 다른 방식으로 우리를 자만하도록 하는 것을 멈추지 않고 여전히 우리가 세상에 우리의 애정을 제공하기를 바란다네. 우리는 이것을 여러 번 겪을 수 있으며, 각 상황은 약간 변경되어 이번에는 다를 것이라고 생각하도록 우리를 속인다네. 우리가 이 세상의 것들에 대해 진실하고 심각하게 경멸을 받을 때에만 우리는 그들을 사랑하는 것에 대한 우리의 전쟁에서 완전히 진전을 이루기 시작하게 될 것이네.

인간의 영혼은 매우 활기 있다네! 그것은 의미와 성취에 대한 지칠 줄 모르는 갈증이 있는 것 같네. 그것은 맹렬한 불에 비유될 수 있다네! 그것은 항상 만족과 평안을 가져다 줄 무언가를 향해 손을 뻗고 있다네. 하지만! 그것이 그 모든 요염하고 공허한 약속과 함께, 이 세상의 낮은 것들로부터 진정으로 떼어 낼 수 있다면, 그것이 창조된 더 높은 즐거움을 찾기 위해서 시간을 낭비하지 않을 것이네. 그것은 곧 이생의 번쩍이는 허영심에서가 아니라 다름 아닌 하나님 자신 안에서 만족을 찾을 것이네. 구원받은 영혼은 그곳에서만 영원히 사랑과 관심을 사로잡을 아름다움과 기쁨을 발견할 것이네.

하나님을 사랑하면서 동시에 세상을 사랑하는 것은 불가능하다네. "세상"이란 일몰과 새들의 노래를 의미하지 않는다네. 나는 타락한 문화의 가치를 의미하고 있네. 예수님은 그것을 분명하게 말씀하셨다네. "한 사람이 두 주인을 섬기지 못할 것이니 혹 이를 미워하고 저를 사랑하거나 혹 이를 중히 여기고 저를 경히 여김이라 너희가 하나님과 재물을 겸하여 섬기지 못하느니라"(마 6:24).

성경은 우리에게 세상을 사랑하지 말라고 말씀한다네. "이 세상이나 세상에 있는 것들을 사랑하지 말라 누구든지 세상을 사랑하면 아버지의 사랑이 그 안에 있지 아니하니"(요일 2:15). 여기에는 분명한 대조가 있다네. 우리는 하나님과 타락하고 반역하는 세상의 가치를 사랑할 수 없다네.

다시 말하지만 이것은 우리가 하나님이 창조하시고 우리에게 주신 좋은 것들을 소중히 여기지 않고 감사하지 않는다는 것을 의미하지는 않는다네. 그것은 그들에 대한 과대평가, 그들을 우상화하는 것, 그리고 하나님이 금하시는 것들에 홀리는 것이라네. 한쪽이 다른 쪽보다 무거울 때 저울추가 오르락

내리락하듯, 하나님 또는 세상에 대한 우리의 애정은 서로 관련되어 오르락내리락한다네. 참된 생명은 거짓 사랑이 번성할 때 활기를 잃고 참된 생명은 영원에 올바로 놓여있을 때 번성한다네.

그러므로 우리는 그의 마음에 경건과 천국에 대한 애착을 위해 싸우는 것이 그리스도인의 의무임을 쉽게 알 수 있다네. 이것을 충분히 생각해 보면, 친구는 말 그대로 어리석은 낮은 단계의 사랑에서 벗어나는 길에 대한 판단을 내릴 수 있다네. 사물에 대한 사랑의 무익함과 마음을 만족시키지 못하는 무능함을 깊은 수준에서 자신을 납득시키게. 이 세상을 너무 사랑하는 다른 사람들의 공허함을 보게. (솔로몬을 "증언"을 기억하게.) 위에 마음을 고정시킨 자들의 충만함을 보게. 이것들을 숙고하게. 친구 자신의 마음을 살펴보고 친구가 진정으로 가장 행복했을 때 친구 자신을 알게. 무엇보다도 친구가 하나님을 사랑하고 소중히 여기는 것의 가치를 진정으로 철저하게 확신할 때까지 계속해서 깊이 생각해 보게.

친구의 바쁜 와중에도 잠시 멈추고 물어보게... 여기서는 자신에게 너그럽게 대하지 말게... "내가 왜 이렇게 하고 있는가? 이 모든 것에 나의 목표는 무엇인가? 정욕과 음욕의 진흙 탕물이 기쁨의 순수함을 만들어 낼 수 있는가? 어리석은 타락한 피조물에 대한 애정과 박수갈채가 내 마음이 창조된 영원한 의미와 즐거움을 만들어 낼 수 있는가? 비합리적이고 일시적인 것이 합리적이고 영원한 존재의 갈망을 충족시킬 수 있는가? 나는 이미 그것을 모두 시도하지 않았는가(내 주위에 다른 사람이 해 본적이 없었는데!)? 세상이 계속해서 쫓아다니는 헛된 것들이 어제는 할 수 없었고 결코 가질 수 없었던 기쁨과 충만함을 내일 갑자기 가져다 줄까?" 물론 오늘의 무지개는 어제보다 조금 더 밝게 보일지 모르지만, 그것은 여전히 허상일 뿐이고 결국에는 공허한 약속뿐이라네. 오늘날의 매력은 잠시동안 신기한 방식으로 감동을 줄 수 있는 "새롭고 개선된" 예기치 않은 진전을 가질 수도 있지만 끝없는 경험은 그 매력이 일시적이고 공허함이 오래 지속한다는 것을 증명한다네. 우리의 깊은 굶주림에 대한 답이 없다면 인간의 삶은 얼마나 비극적인 일인가! 우리가 사소한 즐거움보다 더 높은 어떤 것을 할 수 없다면 얼마나 망연자실하게 될까!

"내가 그리스도와 함께 십자가에 못 박혔나니 그런즉 이제는 내가 사는 것이 아니요 오직 내 안에 그리스도께서 사시는 것이라 이제 내가 육체 가운데 사는 것은 나를 사랑하사 나를 위하여 자기 자신을 버리신 하나님의 아들을 믿는 믿음 안에서 사는 것이라 그러나 내게는 우리 주 예수 그리스도의 십자가 외에 결코 자랑할 것이 없으니 그리스도로 말미암아 세상이 나를 대하여 십자가에 못 박히고 내가 또한 세상을 대하여 그러하니라"(갈 2:20, 6:14).

그러나 친구여, 쓰라린 경험을 통해 누군가가 "사물"의 공허함과 이 세상이 가장 깊은 갈망을 충족시킬 수 없음을 알아야 한다면 그 사람은 바로 친구라네. 친구의 이야기를 들어보면, 친구는 실망과 세속적인 가슴앓이 이상의 것을 겪었네. 나는 우리 은혜로우신 하나님이 세상에서 친구를 떼어내시고 친구를 그분께 끌어들이시기 위해 이 힘든 시기에 실제로 일하셨다고 생각하네. 나는 친구가 걸어온 모든 것에서 그분의 섭리의 손길을 볼 수 있네. 세상이 소중히 여기고 행하는 많은 것들이 친구에게 슬픔의 근원일 뿐임이 입증되었으며 친구는 친구의 부와 자연적인 이점이 친구의 영혼을 먹이고 자양분을 공급하기에 충분하지 않다는 것을 배웠네. 친구는 모든 장미에는 그 가시가 있고 조롱박에는 그 벌레가 있다는 것을 배웠네(그리고 그것은 배우기에 좋은 교훈이네!). 다른 사람들은 친구의 선천적인 축복을 보고 친구를 부러워할 수 있다네. 그러나 그들의 이해는 피상적이라네. 또는 그들은 친구가 겪은 시련에 대

해 친구를 동정할 수도 있지만, 그들은 더 깊고 신적인 일이
일어나는 것을 보지 못한다네.

친구의 경우, 친구의 삶에서 균형이 맞지 않는 것이 있다면
그것은 친구의 친구들과 가족에 대한 친구의 사랑이었다네.
친구의 마음은 아주 한없다네! 그러나 나는 친구가 종종 친구
의 애정을 잘못 주고 하나님만이 받으실 자격이 있으신 (안전
하게 지키실 수 있는) 사랑으로 피조물을 감히 사랑했다고 생각하
네. 이제, 아, 하나님이 친구의 삶에서 가장 소중한 우상들을
제거하신 것 같네(가혹하지만 필요한 자비). 그래서 친구가 친구의
생각과 마음을 천국, 곧 그것이 속한 곳으로 올려야 한다네.

하나님이 명령하시는 것을 행함으로 시작하라

일단 우리는 식욕을 제자리에 두고, 우리의 사악한 욕망을
억제할 뿐만아니라, 심지어 합법적인 욕구(적어도 부분적으로)를
제어하기까지 한다면, 우리가 하나님을 사랑함에 있어서 우리
의 마음을 앞으로 나아가게 하기 위해 우리가 할 수 있는 긍정
적인 일들이 있다네. 우리는 실제로 참 생명을 깨울 수 있다네!
그것은 어떤 이상한 마술이 아니라 하나님이 우리에게 요구하

신 일을 하는 것으로 시작된다네. 하나님을 영화롭게 해드리는 의식적인 결정, 즉 그분이 우리에게 하라고 말씀하신 것을 매일 해야할 선택이 있다네. 그리고 그것들이 일단 우리의 마음에서 우위를 점하게 되면 우리를 삶으로 향하게 할 것이네.

우리가 우리의 내면의 삶을 바꾸는 데 어려움을 겪고 있다면, 우리는 우리의 외적인 삶으로부터 시작할 수 있다네. 나는 많은 사람들이 마음이 없는 행동은 위선적이라고 말하는 것을 알지만, 항상 그런 것은 아니라네. 마음은 실제로 행동을 따를 수 있다네. 일단 그 행동이 실행되면 마음은 관여할 수 있다네. 다시 말해, 우리의 마음과 상관없이 우리의 의무를 다할 때가 있을 수 있고, 우리는 마음이 의지를 따른다는 것을 발견한다네. 우리가 하나님을 향한 사랑으로 불타고 있지 않다면 수동적으로 기다리지 말게. 우리가 하라고 명령받은 대로 하세! 우리가 기분이 좋든 싫든 하나님께 우리의 최선을 다할 수 있다네. 우리는 설교한 것과 읽는 것 둘 다에서 그분의 말씀을 듣는 것으로 시작할 수 있다네. 우리는 그분의 모든 선하심에 대해서 그분을 찬양할 수 있다네. 우리는 그분에 대해서 겸손하게 말할 수 있다네. 우리는 다른 사람들이 그분을 믿고 따르도록 열심히 권하고 격려할 수 있다네.

마찬가지로, 이웃에 대한 연민의 마음을 원한다면, 감정에 관계없이 모든 기회를 활용하여 친절과 자비의 행동을 하는 것으로 시작할 수 있음을 인식해야 하네. 다른 사람에게 선을 행할 수 있는 기회를 놓치지 말게. 그러면 언젠가는 마음이 따를 것이네! 친구 안에 교만한 마음이 있다면 섬기는 일을 하게. 그러면 언젠가는 친구는 종의 마음속에서 발견하게 될 것이네.

외부의 행동은 따뜻한 마음을 향해 친구를 움직이는 데 가치가 있을 수 있다네. 사실 사도 바울은 "육체적 연습은 [약간의] 유익이 있다"고 인정하지만, 그는 그것이 가치가 없다고 말하지 않는다네. 우리가 할 수 있는 일을 하는 것은 언제나 선하고 옳은 일이라네. 하나님이 우리를 긍휼히 여기시며 우리의 약한 노력도 도우실 것임을 알기 때문이라네.

그리고 이것을 분명히 하게. 참 사랑이 마침내 우리의 마음에 뿌리를 내리면, 그것은 우리가 형성해 온 습관 때문에 이미 갈아놓은 토양을 발견하게 될 것이네. 친구가 느끼기 전에 행동하는 위선자로 낙인찍힐 걱정은 하지 말게. 친구는 친구의 목표는 친구보다 더 잘 보이는 것이 아니라 친구의 행동이 친구에게 제시하는 사람이 되는 것임을 알고 있네. 친구는 친구의 행동이 하나님과 다른 사람들에게 올바른 의무감에서 나온다는 것을 알고 있으니, 친구의 마음이 친구의 의지를 따를 것이라는 것을 알고 주저 없이 계속하게!

다음으로, 내적인 삶에 힘쓰라

외면이 내면을 이끌기 때문에, 우리의 마음을 발전시키기 위해 우리가 할 수 있는 구체적인 일들이 있다네. 이것들은 우리에게 선을 위한 강력한 영향을 미칠 것이네. 자주 우리의 마음을 하나님께 들어 올리는 것으로 시작하게. 우리가 다른 무엇보다도 그분을 사랑하지 않는다면, 그것을 인정하는 것으로 시작하게! 그리고 그것은 우리의 의무일 뿐만 아니라 우리가 그렇게 할 때 마침내 행복해질 것임을 인정하세. 도처에서 부주의한 남녀들이 우리의 놀라우신 하나님께 행한 모욕을 한탄하세. 그분이 존귀와 찬양을 받으실 때마다 기뻐하고, 지금 하늘에서 온전히 찬양을 받으시는 것으로 기뻐하세. 우리의 마음을 계속해서 그분께 드리고, 그분의 주되심 아래에서 살고 그분의 기쁘신 뜻대로 섬기겠다고 기쁨으로 결심하세. 그리고, 우리의 완고한 마음이 펄쩍 뛰고 멈추고 거부하면 마지막으로 "아니오"라고 말했던 곳으로 돌아가서 "예"라고 말씀드리세. 우리의 놀라우신 하나님께 그분은 우리에게 선하시고 선하시며, 그분의 모든 길이 옳다는 것을 확신하며, 우리가 즐겁게 복종하든 그렇지 않든 간에, 그분이 우리 안에서, 우리를 통해, 기뻐하시는 모든 일을 행하시기를 진정으로 원하신다는 것을 반복해서 말하세!

이제 우리의 마음이 다른 사람, 심지어 모든 사람에 대한 진정한 사랑으로 가득 차 있기를 원한다면 의도적으로 그들의 행복을 염원하고 보는 모든 사람을 축복해야 하네. 이것은 초자연적이라네! 그러나 우리가 만인에 대한 보편적인 사랑으로 가득 차도록 하나님의 은혜를 간절히 구하면 그분은 그것을 주실 것이네. 그분은 그들의 고통을 덜어주고 그들의 넉넉함을 바라면서, 다른 사람들의 유익을 위해 살 수 있는 모든 은혜를 우리에게 주실 수 있다네.

"너희 안에서 착한 일을 시작하신 이가 그리스도 예수의 날까지 이루실 줄을 우리는 확신하노라"(빌 1:6).

이것은 모두 영혼을 위한 훈련이라네! 우리는 경건함과 참 삶을 위해 우리 자신을 훈련시키고 있다네. 하나님의 성령이 우리가 하나님과 인류를 사랑하기 위해 우리의 의지와 힘을 행사하는 것을 발견하실 때, 그분은 자연에서 초자연적인 것으로 모든 노력을 옮기시는 그분의 능력으로 승선하실 것이 확실하다네. 그분은 우리의 마음을 바꾸실 것이네. 그것은 확실하다네! 우리 안에 있는 그분의 놀라운 역사는 우리의 평범한 결심과 노력의 결과를 따를 것이네. 우리가 우리의 선천적인 능력을 훈련할 때, 우리가 전에는 알지 못했던 자유와 편안함으로 우리에게서 흘러나온 새로운 사랑 습관을 발견할 때까지 그분의 은혜가 우리 안에서 움직일 것이네.

> "능히 너희를 보호하사 거침이 없게 하시고 너희로 그 영광 앞에 흠이 없이 기쁨으로 서게 하실 이 곧 우리 구주 홀로 하나이신 하나님께 우리 주 예수 그리스도로 말미암아 영광과 위엄과 권력과 권세가 영원 전부터 이제와 영원토록 있을지어다 아멘"(유 24, 25).

참 생명 대해 생각하면 참 삶이 발전한다

나는 마음의 변화를 발전시키는 두 가지 다른 방법을 제시하고 싶네. 첫째, 참 생명에 대한 위대한 생각은 큰 가치가 있다네. 성경을 펴고 마음을 하늘로 향하게 하고 하찮은 것을 넘어 생각하면 친구의 영혼이 선한 세상이 될 것이네.

"그러므로 너희가 그리스도와 함께 다시 살리심을 받았으면 위의 것을 찾으라 거기는 그리스도께서 하나님 우편에 앉아 계시느니라 위의 것을 생각하고 땅의 것을 생각하지 말라(골 3:1-2).

우리 대부분은 위의 사항에 대해 거의 생각하지 않는다네. 우리의 마음은 일시적이고 눈에 보이는 것에 사로잡혀 있다네. 우리가 우연히 마음을 조금만 높이면 우리의 생각은 진리보다는 우리 주변의 문화에 더 잘 맞는 종종 어리석고 거짓되다네.

우리는 영적인 것에 대해 너무 게을러서 우리가 생각하고 말하는 것의 진실성에 대해 무관심할 수 있다네. 우리는 진리를 위해 싸우고 우리 주변 문화의 어리석은 관념에 맞서 싸우기를 꺼린다네. 우리 주변의 많은 사람들은 스스로를 "그리스도인"이라고 여기지만, 그리스도께서 그들의 삶에 미치는 영향을 생각하는 것을 분명히 꺼려 한다네. 얕은 생각은 얕은 삶을 낳는다네!

이처럼 낮고 생명이 없고 마비되는 생각은 손도 마음도 움직일 수 없다네. 친구가 느끼고 움직일 때까지 열심히 생각하게. "여호와 앞에 잠잠하고 참고 기다리라...."(시 37:7).

중요한 것들과 관련하여 진리에 대해 완전히 확신할 때까지 숙고하고 기도하고 숙고하게. 우리는 의미 있는 묵상에서 너무 빨리 벗어나 시간을 낭비하는 사소한 것으로 돌아간다네. 머무르게. 생각하게. 숙고하게. 기도하게. 진리가 친구에게 깊은 영향을 미치게 하게. 친구의 영혼을 앞으로 집중하여 보이지 않는 영원한 세계 앞에서 우리가 보는 것은 일시적인 꿈이고 우리가 볼 수 없는 것은 확실하다는 것을 분명히 볼 때까지 그것을 붙잡게.

"우리가 주목하는 것은 보이는 것이 아니요 보이지 않는 것이니 보이는 것은 잠깐이요 보이지 않는 것은 영원함이라"(고후 4:18).

우리의 마음을 세속적이고 하찮은 것에서 하늘의 의미 있는 것으로 끌어올리는 데 도움이 되는 방법이 있다네. 먼저, 보이는 것에서 보이지 않는 것으로, 일시적인 것에서 지속적인 것으로 생각하는 법을 배우게. 우리가 이 현세의 경이로움과 아름다움을 보고 그 질서와 조화를 볼 때 우리는 우리의 마음을 피조물을 초월하여 창조주께 들 수 있다네. 우리가 볼 수 있는 기적을 만드신 우리가 볼 수 없는 분의 본성과 지혜와 선하심을 생각해 보세.

그렇다면 우리 자신을 생각해 보십시오. 우리는 분명히 기계, 원자, 화학 물질 그 이상이라네. 우리가 인간의 경이로움을 생각할 때 우리의 생각을 하나님의 경이로움으로 끌어 올릴 필요가 있다네. 우리는 현재 부진하고 막히고 망가졌지만 여전히 우리 안에 있는 신적인 형상을 감지할 수 있다네. 생명의 흔적이 있다네! 그러므로 우리는 이 몸이 변화되어 풀려나고 현재 상상할 수 없는 영광의 상태로 주님과 함께 있게 될 더 나은 날을 기쁘게 기대해야 한다네.

"그는 만물을 자기에게 복종하게 하실 수 있는 자의 역사로 우리의 낮은 몸을 자기 영광의 몸의 형체와 같이 변하게 하시리라"(빌 3:21).

"아버지여 내게 주신 자도 나 있는 곳에 나와 함께 있어 아버지께서 창세 전부터 나를 사랑하시므로 내게 주신 나의 영광을 그들로 보게 하시기를 원하옵나이다"(요 17:24).

다음으로, 이 죄 많은 세상의 파괴와 비극을 볼 때, 우리 인류의 사악함과 어리석음에 슬퍼할 때, 우리는 생각과 마음을 더 이상 죄로 인해 상하지 않을 곳으로 끌어올릴 수 있고 또 그래야 한다네. 거주자들이 사랑하는 분의 임재 안에서 순수한 기쁨으로 살게 될 세상이 오고 있다네. 그곳에서 우리는 방해 없이 하나님께서 처음 의도하신 모든 방식으로 번성할 것이네. 이 미래의 사실에 대해 생각하는 것은 오늘날 우리가 변화된 삶을 살 수 있도록 힘을 실어줄 것이네.

"내가 들으니 보좌에서 큰 음성이 나서 이르되 보라 하나님의 장막이 사람들과 함께 있으매 하나님이 그들과 함께 계시리니 그들은 하나님의 백성이 되고 하나님은 친히 그들과 함께 계셔서 모든 눈물을 그 눈에서 닦아 주시니 다시는 사망이 없고 애통하는 것이나 곡하는 것이나 아픈 것이 다시 있지 아니하리니 처음 것들이 다 지나갔음이러라"(계 21:3-4).

마지막으로, 항상 예수님을 생각하세. 왜 그분은 하늘에서 땅으로 오셨을까? 그분은 우리를 세상에서 천국으로 데려가시려고 오지 않으셨는가? 왜 그분은 죽음을 견디셨을까? 우리를 죽음에서 생명으로 우리를 구하시기 위한 것이 아니셨는

가? 그분은 왜 우리의 슬픔을 아셨을까? 그것은 우리에게 그
분의 기쁨을 가져다주시기 위해서가 아니셨는가? 우리 주 예
수님은 우리와 모든 신자들을 위해 그분이 직접 하늘나라를
여셨고, 지금 그분은 높으신 분의 존귀한 우편에 앉아 계신다
네(참조. 히 1:3). 그곳에서 그분은 우리의 기도를 받으시고 아
버지 앞에서 우리를 위해 중보하시며 가장 힘들고 가장 필요
한 때에 은혜와 도움을 주신다네. 하늘에서 그분은 우리를 강
화하시고 격려하시기 위해 성령을 우리에게 쏟아부으시고 계
신다네. 확실히 예수님의 경이로움에 대한 생각이 우리의 마
음을 낮은 것에서 더 높은 것으로 옮겨야 한다네.

"누가 정죄하리요 죽으실 뿐 아니라 다시 살아나신 이는 그리
스도 예수시니 그는 하나님 우편에 계신 자요 우리를 위하여
간구하시는 자시니라 누가 우리를 그리스도의 사랑에서 끊으
리요 환난이나 곤고나 박해나 기근이나 적신이나 위험이나 칼
이랴 기록된 바 우리가 종일 주를 위하여 죽임을 당하게 되며
도살 당할 양 같이 여김을 받았나이다 함과 같으니라 그러나
이 모든 일에 우리를 사랑하시는 이로 말미암아 우리가 넉넉
히 이기느니라"(롬 8:34-37).

하나님의 마음을 생각하면 그분의 사랑이 우리 마음에 생겨난다

위에서 말한 것과 다른 진리에 대해 숙고하기 위해 신중하고 헌신적인 시간을 가짐으로서(죽은 종교와 반대되는) 살아있는 믿음이 우리 마음에서 생겨나는 것을 볼 수 있다네. 그리고 참 생명은 살아있는 믿음에 뿌리를 두고 있다네.

그래서 나는 묵상에 대한 몇 가지 세부 사항, 즉 하나님과 그분의 길에 대해 생각해 볼 것들을 제안하고 싶네. 우리가 성경을 펴고 하나님의 길을 발견하고 간절한 마음으로 묵상할 때 우리의 내면의 삶이 점점 변화된다네.

"우리가 다 수건을 벗은 얼굴로 거울을 보는 것 같이 주의 영광을 보매 그와 같은 형상으로 변화하여 영광에서 영광에 이르니 곧 주의 영으로 말미암음이니라"(고후 3:18).

첫째, 시간을 내어 하나님의 놀라우신 성품을 묵상하게. 성경을 펴고 하나님이 어떤 분이신지 연구하게. 하나님은 성경에 자신이 누구신지 계시하신 분이시라네. 하나님은 예수 그리스도 안에서 자신이 누구신지 드러내신 분이시라네. 우리는 하나님에 대한 모든 것을 알 수는 없지만 그렇다고 해서 하나님에 대해 많은 것을 알 수 없다는 의미는 아니라네. 그리고 우리는 우리의 마음을 움직일 만큼 충분히 알 수 있다네. 우리는 오감의 피조물 그 이상이라네. 하나님의 본성에 대한 고찰은 우리가 보는 것 이상으로 우리의 더 깊은 자아에 영향을 미칠 것이네.

그냥 인간적인 차원에서 받아들이게. 친구는 몇몇 위대하고 훌륭한 사람들에 대해 들었고 어느 정도 알게 되었다네. 친구를 감동시키는 것은 그들의 사진이 아니라네. 친구의 감탄은 친구의 눈이 줄 수 있는 단순한 이미지를 훨씬 뛰어 넘는 것이기 때문이라네. 아니, 그들의 성격, 그들의 성향, 그들의 지혜, 또는 그들의 위대함에 대한 보고가 친구의 마음을 그들을 향해 움직이게 하는 것이라네. 친구는 단순한 감각이 친구를 데려갈 수 없는 곳으로 갔다네. 이제, 그런 사랑이 사람들에 관한 친구의 마음에서 자랄 수 있다면, 그것은 확실히 하나님이 관심이 있으신 친구의 마음에서 자랄 수 있다네. 성경과 친구 주위에 계시된 하나님의 경이로움과 그분의 본성을 단순히 바라보기만 한다면...

우리가 시간을 내어 그분께 맡기기만 한다면, 경이로우신 하나님은 그 어떤 피조물보다 우리 마음을 더욱 감동시키실 수 있는 능력이 무한하시다네. 그분의 지혜와 선하심은 어디에서나 볼 수 있다네. 그분의 능력과 섭리의 돌보심은 바로 우주를 하나로 묶으신다네(참조. 골 1:17). 가장 위대한 사람은 그분의 완전하심 안에 있는 가장 희미한 반영일 뿐이라네. 어떤 사람이 우리를 감탄하게 만들 수 있다면 하나님은 얼마나 더 하시겠는가?

"산이 생기기 전, 땅과 세계도 주께서 조성하시기 전 곧 영원부터 영원까지 주는 하나님이시니이다"(시 90:2).

"하늘이 하나님의 영광을 선포하고 궁창이 그의 손으로 하신 일을 나타내는도다"(시 19:1).

"만물이 그에게서 창조되되 하늘과 땅에서 보이는 것들과 보이지 않는 것들과 혹은 왕권들이나 주권들이나 통치자들이나 권세들이나 만물이 다 그로 말미암고 그를 위하여 창조되었고 또한 그가 만물보다 먼저 계시고 만물이 그 안에 함께 섰느니라"(골 1:16-17).

우리가 하나님과 그분의 영광에 대한 단편적이고 불완전한 형상을 그렇게 많이 만들고 하나님 자신에 대해서는 그렇게 적게 만드는 것이 옳은 일인가? 우리는 타락하고 망가진 것에는 맹목적으로 사랑하고 완벽하고 멋진 것에는 하품을 한다네. 우리는 불완전한 인쇄물을 주시하고 원본 초상화는 무시한다네. 그것을 이렇게 보게. 우리가 사람이나 이 세상에서 아름답고 칭찬할 만하다고 생각하는 것은 무엇이든 우리를 사로잡는 것이 아니라 우리의 시야와 애정을 하늘로 끌어 올리는 역할을 하도록 우리를 풀어주어야 한다네. 생각해 보게. 한 방울이 그렇게 달다면 샘은 얼마나 만족스러울까? 한 줄기의 빛에 그토록 경탄할 것이 많다면, 태양 전체는 어떠할까?

기억하게, 하나님은 멀리 계시지 않으시다네. 하나님이 멀리 계시니 그러므로 그분을 뒤쫓을 수도 없고 뒤쫓을 필요도 없다는 나약한 핑계를 자신에게 허락하지 말게. " … 이는 사람으로 혹 하나님을 더듬어 찾아 발견하게 하려 하심이로되 그는 우리 각 사람에게서 멀리 계시지 아니하도다, 우리가 그를 힘입어 살며 기동하며 존재하느니라 너희 시인 중 어떤 사람들의 말과 같이 우리가 그의 소생이라"(행 17:27, 28). 사실 우리는 그분의 증거를 보지 않고는 눈을 뜨고 아무 곳이나 볼 수 없다네. 그분은 우리 주위에 계신다네! 우리가 단지 그분의 길로 향한다면 우리는 우리와 함께 진실하고 의미 있는 약속을 하시고, 기꺼이 맞이 하시고, 우정을 나누시고, 포용하시고, 즐기실 준비가 되어 있으신 기꺼이 간절히 바라시는 하나님을 찾을 것이네. 세상의 모든 우정은 단지 맛보기에 불과하다네. 하나님, 왕께서 우리에 대해 이렇게 말씀하신다네.

"내 누이, 내 신부야 네가 내 마음을 **빼앗았구나** 네 눈으로 한 번 보는 것과 네 목의 구슬 한 꿰미로 내 마음을 **빼앗았구나**"(아 4:9).

그분은 그의 신부에 대한 신랑의 애정으로 우리를 사랑하신다네!

그러므로 하나님께서 기꺼이 준비하시고 계시니, 그분을 향하여 우리의 소망과 생각을 높이세. 우리는 사실 그분이 누구신지 분명하게 이해할 수 있다네. 이는 그분은 먼저, 자연에서 그리고 말씀에서, 그리고 마지막으로 놀랍게도 그리스도 안에서 그분 자신을 계시하셨기 때문이네. 우리는 예수님(우리가 지어낸 예수님이 아니라 복음서의 예수님)을 바라볼 때 하나님이 어떤 분이신지 알 수 있다네. 하나님은 예수님과 같은 분이시라네. 자 그럼 우리가 그리스도를 생각하고, 바라보고, 묵상하세. "이는 하나님의 영광의 광채시요 그 본체의 형상이시라…"(히 1:3).
"그 안에는 신성의 모든 충만이 육체로 거하시고…"(골 2:9). 하
나님은 예수 그리스도 안에서 정확히, 충만하게, 그리고 다 알
도록 계시되었다네.

　그러니, 예수님을 친구 자신에게 제시하게! 성경(예수님에 관
한 책)을 펴고 그분을 발견하게. 시간을 갖고 그분의 영광을 보
게. 복음서를 읽고 친구의 영혼이 그분을 기쁘시게 하게. 그곳
에서 친구는 인간의 옷을 입었지만, 하나님의 경이로움과 그
분의 성품을 보게 될 것이네. 거기서 우리는 자연이 우리에게
보여줄 수 없는 방법으로 하나님을 발견할 수 있다네. 그분을
연구하게. 그분을 보게. 그분을 깊이 생각해 보게. 친구의 상
상이 아니라 성스러운 책에서. 그리고 친구가 그렇게 하는 동
안 불이 타오르기 시작할 것이네.

　"내 마음이 내 속에서 뜨거워서 작은 소리로 읊조릴 때에 불
　이 붙으니 나의 혀로 말하기를"(시 39:3).

　"말씀이 육신이 되어 우리 가운데 거하시매 우리가 그의 영
　광을 보니 아버지의 독생자의 영광이요 은혜와 진리가 충만
　하더라"(요 1:14).

우리는 특히 우리를 향하신 예수님의 놀라우신 사랑을 묵상해야 한다

하나님의 본성과 길에 대해 생각할 때, 예수 그리스도 안에서 하나님이 우리를 받아들이신 사랑을 진정으로 고려하는 것보다 더 좋은 마음의 연료는 없다네. 누군가가 친구를 사랑한다는 것을 발견하는 것보다 더 마음을 뒤흔드는 것은 없다네! 그렇지 않으면 불쾌하고 불친절한 사람이 친구에게 사랑과 선행을 보여도, 친구는 그에게 감동을 받는다네. 그렇다면 모든 선과 아름다움이신 사랑 그 자체이신 분이 영원한 사랑으로 친구를 사랑하신다는 것을 알면 얼마나 더 하겠는가? 하늘의 영원하신 왕은 우리를 위한 친절하신 애정을 가지시고 그 사랑을 십자가에서 증명하셨다네. 시간을 갖고 이 놀라운 사실이 친구의 영혼을 정복하고, 친구의 마음을 녹이고, 불을 붙이도록 하게.

성경은 친구와 나와 그리고 모든 인류에 대한 하나님의 사랑에 대한 표현으로 가득 차 있다네. 그리고 성경과 함께 우리 주변에 펼쳐진 우리에 대한 하나님의 사랑의 증거가 있다네. 그분은 우리에게 생명을 주셨고, 순간순간 은혜롭게 보존하신다네. 그분은 우리를 끝없는 방식으로 풍부하고 그 아름다움과 공급이 매우 풍부한 놀라운 세상에 두셨다네. 얼마나 은혜인가! 그분은 선한 사람과 악한 사람 모두에게 선한 것을 쏟아부으시고 우리의 필요를 풍부하게 공급하셔서 우리가 금년의 은혜를 모으는 동안 다음 해를 위해 세상을 준비하고 계신다네. 그런 다음 그분은 우리가 받을 만한 것보다 훨씬 더 많은 은혜와 세상의 기쁨으로 우리 삶에 유쾌함을 더하시고 현세적인 위안을 연이어 주신다네. 이 모든 것은 죄인을 위한 것이라네! 그분은 우리에게서 그분의 주시하시는 눈을 결코 옮기지 않으신다네. 우리가 잠을 잘 때도 그분은 우리가 그분을 잊어도 그분은 우리를 마음에 새겨 잊지 않으신다네.

"여호와께서 너를 실족하지 아니하게 하시며 너를 지키시는 이가 졸지 아니 하시리로다 이스라엘을 지키시는 이는 졸지도 아니하시고 주무시지도 아니 하시리로다 여호와는 너를 지키시는 이시라 여호와께서 네 오른쪽에서 네 그늘이 되시나니"(시 121:3-5).

이제 나는 회의론자의 주장을 들을 수 있다네: "하나님이 그분의 사랑을 이 모든 방법으로 드러내시는 것은 쉽고 고통 없는 일이다. 그분이 그분의 피조물에게 비, 해 그리고 위안을 주시는데 무슨 대가를 치루시느냐? 그런데, 그분은 이러한 방식으로 우리를 사랑하셨을 뿐만 아니라 더 놀랍게도 그분은 고통 속에서도 우리를 사랑하셨다네. 그리고 그분은 그분의 신성한 본성으로 고난을 당하실 수 없으셨기 때문에 우리의 본성을 취하셨고, 하나님이신 예수님으로서 상상할 수 없는 고난으로 우리를 사랑하셨다네. 영원 전부터 하늘의 완전한 기쁨 외에는 아무것도 알지 못하신 하나님의 영원하신 아들은 자신을 비우시고 인간의 연약함을 취하셨다네. 그분은 그분을 거부하는 사람들에게 오셨다네. 그분은 반역하는 사람들 사이에 사셨고 그들을 위한 희생제물과 진노의 제물로 죽으셨다네.

"그는 멸시를 받아 사람들에게 버림받았으며 간고를 많이 겪었으며 질고를 아는 자라 마치 사람들이 그에게서 얼굴을 가리는 것 같이 멸시를 당하였고 우리도 그를 귀히 여기지 아니하였도다"(사 53:3).

"우리가 아직 연약할 때에 기약대로 그리스도께서 경건하지 않은 자를 위하여 죽으셨도다 의인을 위하여 죽는 자가 쉽지 않고 선인을 위하여 용감히 죽는 자가 혹 있거니와 우리가 아직 죄인 되었을 때에 그리스도께서 우리를 위하여 죽으심으로 하나님께서 우리에 대한 자기의 사랑을 확증하셨느니라"(롬 5:6-8).

한때 하나님의 사랑을 훌륭하게 표현한 시인이 있었는데, 하나님의 사랑이 자신의 마음을 압도했기 때문에, 이런 식으로. 그는 오랫동안 하나님의 접근에 저항해 왔다네. 마치 하나님이 그분의 사랑의 화살을 모두 그의 마음에 쏘신 것 같았지만, 그분이 그분 자신(그분의 아들 예수님의 인격)을 활에 넣고 그의 마음에 그분 자신이 직접 쏠 때까지 아무것도 꿰뚫지 못했다네. 이것은 우리를 향한 하나님의 사랑을 설명한다네! 그분은 오랫동안 그분의 사랑에 대해 다가가셔서 나타내시고 말씀하셨지만 다른 모든 것이 부족할 때 마침내 가장 분명하게 말씀하셨고 우리를 위해 그분 자신을 선물로 주셨을 때 그분의 사랑을 증명하셨다네.

"옛적에 선지자들을 통하여 여러 부분과 여러 모양으로 우리 조상들에게 말씀하신 하나님이 이 모든 날 마지막에는 아들을 통하여 우리에게 말씀하셨으니 이 아들을 만유의 상속자로 세우시고 또 그로 말미암아 모든 세계를 지으셨느니라

이는 하나님의 영광의 광채시요 그 본체의 형상이시라 그의
능력의 말씀으로 만물을 붙드시며 죄를 정결하게 하는 일을
하시고 높은곳에 계신 지극히 크신 이의 우편에 앉으셨느니
라"(히 1:1-3).

복음서는 이 잃어버린 세상에 대한 예수님의 사랑의 놀라운
이야기를 보여준다네. 그분의 겸손, 그분의 고난의 생애, 그분
의 가난, 사랑받지 못한 자들에 대한 그분의 사랑, 그분의 제
자들에 대한 그분의 인내, 죄인들을 위한 그분의 죽으심 – 이
모든 것이 우리에 대한 그분의 사랑의 부인할 수 없는 증거라
네. 하지만 십자가! 죄인들에 대한 하나님의 사랑에 대한 더
큰 증거가 있을 수 있을까? 친구를 위한 하나님의 사랑에 대
한 더 큰 증거가 있을까? 우리는 이것에 대해 다음의 말씀을
숙고할 필요가 있다네. "믿음으로 말미암아 그리스도께서 너
희 마음에 계시게 하시옵고 너희가 사랑 가운데서 뿌리가 박
히고 터가 굳어져서 능히 모든 성도와 함께 지식에 넘치는 그
리스도의 사랑을 알고 그 너비와 길이와 높이와 깊이가 어떠
함을 깨달아 하나님의 모든 충만하신 것으로 너희에게 충만하
게 하시기를 구하노라"(엡 3:17-19).

"하나님이 세상을 이처럼 사랑하사 독생자를 주셨으니 이는 그를 믿는 자마다 멸망하지 않고 영생을 얻게 하려 하심이라 하나님이 그 아들을 세상에 보내신 것은 세상을 심판하려 하심이 아니요 그로 말미암아 세상이 구원을 받게 하려 하심이라"(요 3:16-17).

십자가에서 예수님을 통해 입증된 놀라운 하나님의 사랑에 비추어, 우리는 종종 멈추고 우리의 죄와 어리석음을 사랑하기에 더디 회개하는 우리를 향하신 하나님의 끝없는 인내를 생각해야 한다네. 하나님은 우리가 그분과 거듭거듭 씨름하는 동안 우리에게 선과 자비를 부어 주셨다네. 그분은 우리가 회복되기를 원하지 않을 때 우리를 회복시키시기 위해 끝없는 방법을 사용하셔서 우리의 완고함(그분은 우리를 쫓아내실 수 있으셨지만)을 사랑으로 다투셨다네. 그분은 우리가 회복되기를 원하지 않을 때 우리를 회복시키시기 위해 끝없는 방법을 사용하셔서 우리의 완고함을 사랑으로 다투셨다네. 무슨 사랑인가!

하나님이 우리에게 주신 복을 기록하는 것은 우리 마음에 헤아릴 수 없는 유익을 줄 것이네. 그러면 우리는 사물이 단지 "우연히" 나타난 것이 아니라 우리 위에 있는 우리의 은혜로우신 하나님의 손의 뚜렷한 지문임을 분명히 알게 될 것이네. 우리는 구체적인 기도에 대한 응답을 분명히 볼 것이네. 그리고 우리 삶에서 하나님의 풍부하신 선하심을 보면서, 우리는 잠시라도 감히 하나님이 나중에 우리를 저주하신 것에 대한 그분의 주장을 강화하시기 위해서 우리에게 선을 쏟아부으셔서 속이고 계신다고 생각하지 않는다네. 아니! 하나님은 우리처럼 주의가 깊지 않으시거나 부정하지 않으시다네! 우리에 대한 그분의 사랑은 순수하고 어떤 악의도 없으시다네. 그분은 오직 우리의 회개와 감사하는 마음을 원하신다네. 하나님은 그분의 피조물 중 하나도 멸망하지 않기를 원하신다네(참조. 벧후 3:9). 우리가 그분의 관대하심을 남용하고 더 큰 죄책감에 빠지면 그것은 그분의 계획이 아니라 우리의 행동이라네.

일단 이러한 고려가 우리로 하여금 하나님께 대한 더 깊은 애정을 갖게 하면, 참된 생명의 다른 모든 부분은 당연히 성장하고 번성할 것이네.

다른 사람에 대한 사랑을 우리의 마음에 품으려면 우
리는 모든 사람이 하나님의 형상을 지닌 사람이라는 것
을 기억해야 한다

우리는 모든 사람이 하나님의 형상으로 각인되어 있고 우리
자신 만큼이나 그분과 거의 관련되어 있다는 사실을 기억하
고 생각할 때 성장하는 다른 사람들을 마음으로 사랑할 것이
네. 우리와 마찬가지로 그들은 "…심히 기묘하시게 지음…"(시
139:14)받은 그분의 피조물일 뿐만 아니라 또한 우리와 마찬가지
로 그분의 특별한 보살핌을 받는 사람들이라네. 그들에게도 역
시 하나님은 선을 위한 영원한 계획을 갖고 계시며, 세상의 기
초부터 영원까지 미치는 계획이 있으시다네. 친구가 아는 가장
비참하고 공격적인 사람을 생각해 보게. 그는 친구처럼 하나님
의 사랑을 받는다네. 그는 또한 하늘의 자손이라네. 그가 아무
리 자신을 합당하지 않게 보여도 그는 고귀하고 올바른 친구처
럼 우리의 따뜻한 포옹과 진정한 애정을 받을 자격이 있다네.
친구가 사랑하는 사람과 밀접한 관련이 있는 사람을 어떻게
대하는지 생각해 보게. 친구의 친구에 대한 친구의 사랑은 그
와 관련된 사람들을 연쇄적으로 사랑한다네. 우리 모두는 기
꺼이 한 친구의 자녀를 축복할 기회를 가질 것이네. 우리가 그

의 자녀를 축복할 때 우리가 그 친구를 축복할 것이라는 것을 알기 때문에 우리는 대부분 그렇게 한다네. 의심할 여지 없이, 우리가 단순히 우리를 사랑하시는 하나님께 모든 사람들이 가까이 있다는 것을 고려한다면, 우리는 우리가 사랑한다고 주장하는 하나님께 축복을 드리는 방식으로 그들을 대할 것이네. 사랑은 자연스럽게 우리 마음에서 다른 사람들에게 샘솟을 것이네. 모든 영혼, 모든 영혼이 온 우주보다 하나님께 더 소중하며, 그분이 죄로부터 구속을 확보하시기 위해 그분 자신의 아들을 아끼지 않으셨다는 사실을 숙고하는 것은 우리에게 유익할 것이네.

내 친구여, 반복해서 말하는 위험을 무릅쓰고 그들의 타락한 상태에 있는 사람들도 비록 훼손되었지만 하나님의 형상을 지니고 있다네(창 6:9 참조). 이것이 우리가 그들을 사랑하도록 움직여야 한다네. 상상해 보게! 우리를 먼저 사랑하신 분의 바로 그 형상이 우리가 만나는 모든 사람에게 각인되어 있다네. 우리가 그들을 위해 그들을 사랑할 수 없다면. 어떤 사람에게는 그 형상이 비교적 보기 쉽다네. 다른 사람들에게는 그것이 죄에 의해 너무 가려져서 찾기가 어렵지만, 그럼에도 불구하고 그것은 지워지지 않았다네.

우리가 만나는 모든 사람은 합리적인 불멸의 영혼이라네.

모든 사람은 놀라운 사고력, 놀라운 창의성, 그리고 은혜로 하나님을 영화롭게 하는 삶을 살 수 있다네. 지금은 죄가 그를 속박하여 그의 능력이 훼손되고 약화되었을 수 있다네. 그러나 이것이 우리의 사랑을 소멸시키는 것이 아니라 우리의 동정으로 옮겨가야 한다네. 우리는 어떤 사람이 심하게 왜곡되고 죄에 사로잡혀 있고 악과 어리석음에 휩싸여 있는 것을 볼 때 그런 사람을 사랑하기가 어렵다는 것을 인정하네. 그러나 바로 그때 우리는 이 뒤틀린 영혼이 실제로 가장 높은 생각과 지혜와 선을 행할 수 있다는 것을 기억해야 한다네. 하나님의 은혜 한 방울이면 가련한 사람을 가장 위대한 성인과 같은 고귀한 피조물로 변화시키기에 충분하다네. 그 사람은 - 지금은 죄로 너무 왜곡되어 있지만 - 은혜로 인해 천국의 천사들에게 적합한 동반자가 될 수 있다네. 사실, 그것은 역사를 통틀어 많은 사람들의 이야기라네! 이것을 기억하면 그에 대한 우리의 성품이 냉혹함에서 친절함으로, 경멸에서 동정으로 바뀔 수 있고 또 그래야 한다네. 친구가 어떤 신체적인 비극으로 인해 훼손된 아름다운 몸을 본다면, 친구는 판단하는 자리에 서지 않고 그를 불쌍히 여겨 그를 대신하여 행동하게 될 것이네. 우리가 그의 범죄와 죄를 아무리 미워할 수도 있고 미워해야 할지라도, 우리는 그를 불쌍히 여기고 사랑해야 한다네. 사랑의 최고의 법칙은 예수님 자신으로부터 우리에게 주어진다네.

"내 계명은 곧 내가 너희를 사랑한 것 같이 너희도 서로 사랑하라 하는 이것이니라"(요 15:12).

우리 본성의 존엄성이 우리가 순결을 사랑하도록 고무해야 한다

우리가 우리 자신을 하나님의 형상대로 지음받은 사람으로 보는 방식은 우리가 내리는 삶의 선택에 매우 중요하다네. 우리가 우리 자신을 단순히 "동물", 심지어 "더 높은" 동물로 본다면, 우리는 우리의 낮은 본성을 먹이기 위해 살게 될 것이네. 우리는 우리의 영혼을 굶어 죽게 할 것이네. 우리가 우리의 본성을 잘못 판단하면 관능적인 쾌락과 자기만족에 대한 사랑에 빠져들 것이네. 우리가 동물이라면 왜 동물처럼 행동하지 않는가? 그러나 우리는 동물이 아니라네. 우리는 하나님의 형상대로 지음 받은 하나님의 피조물의 절정이라네. 그리고 우리가 우리의 영혼을 사랑하고 그들을 깨끗하게 하고 그들을 이 세상에서 구분하려고 한다면, 우리는 우리가 누구이며 누구의 것인지 알아야 한다네! 우리의 모든 죄와 타락에 대해, 우리는 우리 본성의 존엄성과 탁월함을 알고 기뻐해야 한다네. 그렇지 않으면 우리는 짐승을 먹이고 그리스도인을 굶게 할 것이네.

우리가 누구인지, 그리고 우리가 창조된 웅대한 목적, 즉 하나님을 알고, 즐겁게 경험하고, 영화롭게 하는 것을 알고 숙고한다면 우리는 (올바른 방법으로) 우리 자신에 대한 경외심을 갖게 될 것이네. 우리가 하나님의 형상을 지닌 사람이라는 것을 이해하는 것은 동시에 우리 자신과 다른 모든 사람들에 대한 거룩한 존경과 우리 자신과 다른 사람들에 대한 거룩한 겸손을 만들어 낼 것이네. 그것은 우리로 하여금 하나님께서 우리에게 누리게 하신 좋은 것들을 사용하는 데에 여유와 감사를 갖게 하고, 하나님께서 금하신 것들을 미워하게 한다네. 왜냐하면 그것들은 우리의 영혼을 병들게 할 것이기 때문이네.

천국에 대해 생각하는 법을 배워라

우리가 천국을 생각하는 법을 배울 수 있다면, 우리가 우리의 마음이 감동되고 따뜻해지며 세속적인 것을 버리는 것을 알게 될 것이네. 우리가 매일 이것을 하는 법을 배우고 천국의 영원한 기쁨에 대한 성경의 묘사를 마음에 제시한다면, 우리는 경건을 위한 변화시키는 능력, 즉 우리에게 죄를 이기는 권능을 부여하는 능력을 발견하게 될 것이네.

"사랑하는 자들아 우리가 지금은 하나님의 자녀라 장래에 어떻게 될지는 아직 나타나지 아니하였으나 그가 나타나시면 우리가 그와 같을 줄을 아는 것은 그의 참모습 그대로 볼 것이기 때문이니 주를 향하여 이 소망을 가진 자마다 그의 깨끗하심과 같이 자기를 깨끗하게 하느니라"(요일 3:2-3).

여기에서 우리가 우리의 참되고 궁극적인 본향에 대해 자주 생각한다면 이곳에서 우리는 "외국인과 나그네"(히 11:13)와 같이 살 것이네. 우리는 우리 자신의 정욕과 세상의 유혹을 물리칠 능력을 찾을 것이네. 우리는 우리의 머리가 위로 향하고 소망이 위에 고정되어 있을 때 사슬을 끊기가 더 쉽다는 것을 알게 될 것이네. 우리의 기쁨이 다음 세상으로 고정될 때 우리는 기꺼이 이 세상에 의해서 부패되는 것을 막을 것이네. 우리가 천국을 올바르게 보는 것이 중요하다네. 우리는 이슬람

교도들의 관능적인 낙원에 대해 말하는 것이 아니라네. 또한 우리는 성경의 이미지를 남용하여 단순히 감각을 즐겁게 하는 낙원을 제시하는 등 저속한 방식으로 성경을 사용해서는 안 된다네(비록 그곳에서 우리의 감각에 생기를 불어 넣는 다하더라도!). 하늘은 천국이라네. 그곳은 하나님-아버지, 아들, 성령이 계시기 때문이라네.

그러므로 우리가 천국을 하나님의 거하시는 곳으로 보기 시작하고 "그분의 영광을 보며"(요 17:24) 영원히 그분과 함께 하라는 초청을 받을 때, 우리는 앞으로 우리의 미래의 복에 대한 모든 좋은 생각으로 마음을 채울 수 있다네. 그리고 그렇게 할 때, 현재 우리를 사로잡는 것들이 얼마나 하찮고 바람직하지 않은 것이 되는가! 죄는 우리 눈에 경멸의 대상이 될 것이네. "이 순간적인 쾌락이 어떻게 감히 나를 영원한 기쁨에서 멀어지게 하려고 위협하는가!" 우리는 우리에게서 참된 생명과 영원한 행복을 빼앗고 우리를 위한 하나님의 웅대한 계획에 부적합하게 만들려는 그 천하고 비열한 쾌락을 힘으로 꾸짖을 수 있다네.

"믿음으로 모세는 장성하여 바로의 공주의 아들이라 칭함받기를 거절하고 도리어 하나님의 백성과 함께 고난받기를 잠시 죄악의 낙을 누리는 것보다 더 좋아하고 그리스도를 위하여 받는 수모를 애굽의 모든 보화보다 더 큰 재물로 여겼으니 이는 상 주심을 바라봄이라 믿음으로 애굽을 떠나 왕의 노함을 무서워하지 아니하고 곧 보이지 아니하는 자를 보는 것 같이 하여 참았으며"(히 11:24-27).

우리의 결점을 인식하는 것은 우리 안에서 겸손이 성장하는 것을 돕는다

대부분은 아니더라도 우리 대부분은 우리 자신에 대해 자만하고 자랑스러운 견해를 갖는 시기가 있다네. 이 시기는 잠시 동안 지속될지도 모른다네... 아마도 논쟁 중에... 아니면 몇 년 동안. 하지만 여기 바로 실패와 죄가 실제로 우리를 도울 수 있는 곳이 있다네. 우리의 어리석음은, 직면하고 인정할 때, 우리의 교만과 자만의 벽을 무너뜨리는데 사용될 수 있다네. 사람들이 우리를 평가할 때 그들이 우리에게서 어떤 작은 미덕은 보지만 우리 안에 있는 큰 악은 보지 못하기 때문이라네. 그들은 좋은 것을 보지만 나쁜 것을 많이 놓친다네. 그들이 우리를 더 철저히 안다면 그들은 우리에 대한 그들의 생각을 빠르게 바꿀 것이네.

우리가 가장 좋았던 날의 우리의 생각과 동기가 온 세상 앞에 펼쳐진다면, 우리를 거룩하고 덕으로 가득 차 있는 것처럼 보이게 만들 것이네. 사람들은 우리를 싫어하거나 피하거나 우리를 우스꽝스럽게 생각할 것이네. 지금 친구는 어느 정도 남에게 자신을 숨길 수 있지만 친구가 솔직하게 자신을 평가하면 친구는 남들이 놓치고 있는 안 좋은 부분이 보일 것이네. 그 부분을 보면 친구의 자만하고 있는 것이 드러날 것이네. 전 세계의 경건한 사람들은 다른 사람들의 죄보다 자신의 죄를 훨씬 더 잘 알고 있다고 우리에게 말할 것이네. 그들은 그들 자신의 마음을 잘 알고 사도 바울처럼 그들 자신을 죄인들 가운데 최악의 죄인으로 여긴다네.

"미쁘다 모든 사람이 받을 만한 이 말이여 그리스도 예수께서 죄인을 구원 하시려고 세상에 임하셨다 하였도다 죄인 중에 내가 괴수니라"(딤전 1:15).

경건한 사람들은 형제의 눈 속에 있는 티보다 자기 눈 속에 있는 들보에 훨씬 더 관심이 있다네. 그리고, 몹시 자각해서 그러므로 그 지식이 마음과 태도의 겸손을 촉진한다네.

하나님에 대해 올바로 생각하면 우리 자신에 대해 올바로 생각하게 된다

우리 자신의 결점을 생각하는 것이 우리가 겸손해지는 데 확실히 도움이 될 수 있지만 겸손한 성품을 키울 수 있는 더 좋은 방법이 있다네. 바로 위대하신 하나님을 생각하는 것이라네. 그렇다네. 우리는 때때로 슬프게도 우리의 실패를 인식할 필요가 있다네. 그러나 하나님의 선하심과 아름다움에 대한 깊고 조용한 묵상은 진정한 겸손을 만들어내기 위해 더 많은 일을 할 것이네. 우리의 흠은 그분의 완전한 빛에 드러날 때처럼 그렇게 명백하게 보이지 않는다네. 그분의 관점에서 우리 자신을 내려다볼 때 우리는 우리의 나약함을 본다네. 그리고 나서 우리는 우리가 하나님의 올바른 기준 대신에 인간의 잘못된 기준으로 우리 자신을 평가해 왔다는 것을 분명히 보게 된다네. 우리의 죄성에 대한 관점에서 태어난 겸손은 이상하게도 독선("나 자신이 부끄럽네!")과 혼합될 수 있기 때문에 다소 혼란스러울 수 있지만, 하나님의 본성에 대한 지식에서 태어난 겸손은 우리를 진정으로 낮추며, 한 방울의 자아도 허용하지 않으며 실제로 우리 마음에 깊은 평화를 가져다준다네.

참 삶을 위한 기도의 진가와 가치

내적 삶을 발전시키는 또 다른 방법이 있다네. 그것은 규칙적이고 열렬한 기도라네.

하나님은 우리에게 그분의 성령을 약속하셨다네. 그리고 예수님의 속죄 사역으로 은혜의 보좌에 이르는 길을 분명히 열어 놓으셨다네. 우리는 기도할 수 있다네! 나는 우리가 이것의 경이로움을 이해하고 있는지 잘 모르겠네! 우리는 티끌의 피조물에 불과하지만 그 이상으로 하나님의 형상을 지닌 자(타락한 후 예수님의 피로 구속됨)는 만유의 거룩하시고 거룩하시고 거룩하신 하나님께 가까이 갈 수 있다네! 기도할 때 우리는 하늘의 영향력에 자신을 열어젖힌다네. 그때가 바로 "의의 태양"이신 주님(참조. 말 4:2)이 그분의 사랑의 가장 직접적인 광선으로 우리를 방문하실 수 있다네. 그 때 그분은 우리의 어둠을 몰아내시고 우리 영혼 속에서 가장 깊은 역사를 행하실 수 있다네.

기도에 관해서 쓴 책이 많이 있다네. 나는 여기에 하나를 더 쓸 필요가 없다네. 기도의 다른 형태가 있다고 말하는 것만으로도 충분하다네. 먼저 음성 기도가 있다네. 우리는 말로 말한다네. 분명히 이것은 우리가 공적으로 또는 다른 사람들과 함께 기도할 때 하는 것이며, 때로는 사적으로 큰 소리로 기도하는 것이 도움이 된다네.

그 밖에 우리가 전혀 소리를 전혀 내지 않는 기도가 있다네. 우리는 우리의 마음과 생각으로 고요하고 은밀하게 주님과 소통한다네.

그러나, 아 … 세 번째이자 더 놀라운 종류의 기도가 있다네. 이 기도에서 영혼은 더 높이 날아오른다네. 기도는 문제, 진리, 하나님의 본성, 인간의 어려운 처지에 대해 오랫동안 묵상해 왔으며, 결과적으로 목적, 방향, 열로 가득 찬 로켓처럼 불을 붙인다면, 바로 은혜의 보좌까지 이를 것이네. 여기에는 말로 표현할 수 없는, 인간의 어떤 표현도 할 수 없는 한숨과 신음이 있다네. 자연과 복음에 나타난 그분의 모든 놀라운 일에서 볼 수 있듯이, 하나님의 본성과 속성에 대해 깊고 의미 있는 묵상의 시간을 보낸 후에 마음은 가장 깊은 경배와 예배로 하나님께 자신을 쏟아붓는다네. 죄에 대해 상심하고 죄의 사악함과 부패에 대한 슬픈 인식이 지나고 나면 마음은 거룩하신 하나님 앞에 엎드려 감히 아무 말도 하지 못하고 하늘을 쳐다보지도 못한다네. 그것은 은혜가 시급히 필요하다는 것을 절실히 깨닫고 있는 것이라네. 거룩함의 참 아름다움과 하나님을 간절히 구하고 죄를 벗어 버린 자들의 행복을 생각하며 마음이 하나님만 갈망하며 아무 말도 할 수 없는 간절한 간구로 잠시뿐 아니라 자신의 깊은 갈망의 힘으로 지탱되는 시기 동안 기도한다네.

이러한 종류의 "깊은 영혼의 기도"는 아마도 그 무엇보다도 영혼을 정화하는 가장 강력한 것이네. 그것은 말을 넘어 하나님의 영과 직접적으로 관계하는 것 같네. "이와 같이 성령도 우리의 연약함을 도우시나니 우리는 마땅히 기도할 바를 알지 못하나 오직 성령이 말할 수 없는 탄식으로 우리를 위하여 친히 간구하시느니라"(롬 8:26). 이렇게 기도하는 것은 참 생명을 얻는 가장 강력한 수단이며 그리스도인의 무기고에 있는 가장 효과적인 무기 중 하나라네.

(단지 경고. 그렇게 깊은 기도만이 효과적인 기도의 유일한 유형은 아니라네! 사실 그런 기도에 수반되는 탄식과 끌어올림은 우리가 항상 이런 식으로 기도할 수 없는 그런 시간과 에너지를 필요로 한다네. 단순히 친구의 목소리로 기도하거나, 다른 사람들과의 모임에서, 또는 조용히 친구의 마음속으로 기도하는 것만으로도 큰 효과가 있다네. 그러나 의심할 여지 없이 위에서 말한 유형의 기도는 친구의 영혼에 큰 도움이 될 것이네.)

성찬에 참여하면 참 삶이 크게 도움을 받을 것이다

사랑하는 친구여, 내가 친구를 떠나기 전에 한 가지만 더 친구를 격려하고 싶네. 주 예수께서는 성만찬에서 단순하지만 매우 신성한 것을 우리에게 주셨다네. 빵과 음료. 마법이 아니라, 영혼에 영양을 공급할 만큼 아주 강력하다네. 예수 그리스도께서는 이것을 우리가 그것을 양심적으로 사용할 때 우리의 영혼을 먹여 살리고 강하게 하시기 위해 이것을 주셨다네.

하나의 성례전을 형성하는 이 두 가지 요소보다 속죄를 더 강력하게 상기시키는 것은 없다네. 올바로, 경건하게, 사려 깊게 행할 때, 우리는 우리를 위한 예수님의 삶과 죽으심의 모든 혜택에 대해 곱씹게 된다네. 진정한 의미에서 모든 영적 훈련은 이 하나의 신성한 행위로 수렴된다네. 성찬식을 하는 동안 우리는 내적으로나 외적으로 우리의 삶을 가장 진지하게 살펴보아야 한다네. 그런 다음 우리는 위의 것과 우리 하나님의 은혜롭고 거룩한 성품에 우리의 마음을 집중해야 한다네. 그 때 우리는 우리의 삶에서 가장 위대하고 중요한 결정을 내릴 수 있다네. 그때 우리는 회개하고 믿고 결단한다네. 그때 우리는 우리의 세상에 대한 경멸과 그 안에 있는 사람들에 대한 우리의 사랑을 새롭게 한다네. 그때 우리는 우리 죄를 위해 그리스도께서 죽으신 놀라운 일을 새롭게 받아들인다네. 그 때 우리는 새롭게 되고, 주님과 그분의 천국에 다시 봉헌된다네. 그때 우리는 천국과 천국의 보좌에 대한 가장 대담한 접근—심지어 침노까지—을 한다네. (마 11:12)

끝맺는 기도

그리고 이제 친구여, 이 편지를 마감할 시간이네. 내가 의도 했던 것보다 더 길어진 것 같네! 하지만 이 간단한 노력이 친구의 영혼에 좋은 점을 가져다주고 친구를 참된 삶을 향한 친구의 열망을 이끌어주기를 바라네. 그렇게 된다면, 나는 얼마나 행복할까! 그래서, 나는 친구가 나의 이 작은 일을 받아들이고, 나는 친구에게 축복이 되는 나의 행복한 의무를 조금이라도 수행할 수 있을 것이라고 믿네.

이제 우리의 영혼의 소망이신 주님께 간절한 기도로 마치겠네.

우리의 선하시고 은혜로우신 하나님! 참 생명에 대한 필사적인 갈망을 우리 마음에 넣어 주셔서 감사하나이다. 우리는 이 지나가는 세상의 모든 헛되고 하찮은 것들에 불만을 품게 해주신 것에 대해 진심으로 감사하나이다. 부디 당신과 영원할 것들에 대한 열렬한 열망으로 우리 마음을 불태워 이 추구에 모든 근면과 인내를 쏟을 수 있도록 하소서. 우리 자신의 힘을 신뢰하는 것에서 구해내실 뿐만 아니라 게으름에서 우리를 구해내 주시고 ... 당신이 우리에게 하도록 명령하신 것을 당신이 하시기를 기다리는 것에서 우리를 구해내소서. 우리가 참된 삶을 추구함에 있어서 성공하기 위해 당신을 신뢰하고 당신을 의지할 때에도 우리가 최선을 다할 수 있도록 우리에게 능력을 주소서.

당신의 말씀의 놀라운 일들에 우리의 눈을 열어 주소서. 우리가 우리 영혼을 해치고 당신께 슬픔과 치욕을 안겨드리는 죄와 모든 것을 보고 싫어할 수 있도록 우리에게 우리의 양심에 생명을 불어넣어 주소서. 우리로 하여금 당신이 사랑하시는 것을 사랑하고 당신이 싫어하시는 것을 싫어하게 하소서! 우리 마음을 소유하소서 주여. 그리고 우리를 소유하실 때, 우리를 사로잡고 우리에게 생명을 줄 수 있다고 생각하도록 우리를 속이던 것들에 대해 심한 경멸감을 갖게 하소서. 우리의 눈을 헛된 일들에서 돌아서서 당신의 놀라우신 모습으로 돌리게 하소서.

어리석은 것들 대신에 지속될 당신의 경이로움과 의식 그리고 지속될 당신의 진리로 채우소서. 당신이 성경에서 계시하신 것들이 우리를 사로잡고, 우리의 삶의 모든 부분을 좌우하게 하소서. 우리가 지금 이런 비천한 몸으로 사는 이 세상 삶의 최후까지 예수님을 믿음으로 그분의 영광을 위해 살겠나이다.

우리 안에서 당신의 생명을 사시옵소서, 주여!

주여! 당신의 무한하신 경이로움이 우리의 마음을 가득 채우게 하소서! 당신의 놀라우신 선하심과 사랑이 우리의 정체성의 모든 부분을 압도하게 하소서! 진정한 헌신과 필사적인 추구의 정열로 끊임없이 당신께 솟아오를 수 있도록 오셔서 우리의 마음을 정복하소서. 이 타락한 세상의 모든 영혼에 대한 진정한 사랑으로 우리의 마음을 넓히소서. 되풀이하여 당신을 불쾌하게 하는 사람까지도, 다른 사람에 대한 부드러운 애정을 우리에게 채워주소서. 우리가 모든 더러운 생각과 행동에서 깨끗해지도록 하시고, 우리가 당신을 합당하게 공경하고 마음과 삶의 거룩함에서 성장하도록 하소서. 그렇지 않으면 우리가 당신을 보고 당신을 즐거워하기를 결코 바랄 수 없나이다. 마침내, 주여, 당신과 우리 자신에 대한 참 지식 ... 당신의 놀라우신 본성과 우리의 타락한 본성(당신의 형상으로 불가사이하게 창조되었지만)이 우리를 겸손하고 잠잠케 하고, 당신을 향한 진정한 열망과 당신 안에 있는 참 생명으로 우리를 당신 자신을 향하도록 각성시키는 역할을 하나이다. 우리는 여기에서 성령께서 우리를 모든 진리 안으로 인도하시고 우리에게 참 생명을 주시도록 기꺼이 당신의 성령께 우리 자신을 맡기나이다.

우리의 구원의 놀라우신 하나님, 당신의 친절하신 조언으로 우리를 인도하소서. 그리고 그 후, 당신의 사랑하는 아들, 우리의 구주이신 예수 그리스도의 공로로 당신의 영광스러운 면전으로 우리를 받아 주소서.

우리는 당신의 것이나이다!

아멘.

마무리 생각과 참 생명으로의 초대

"하나님이 그들로 하여금 이 비밀의 영광이 이방인 가운데 얼
마나 풍성한지를 알게 하려하심이라 이 비밀은 너희 안에 계
신 그리스도시니 곧 영광의 소망이니라"(골 1:27).

헨리 스쿠갈이 그의 친구에게 보낸 편지는 시작하자마자 갑
작스럽게 끝났다. 다시 말하지만, 이 죽어가는 사람에게는 헛
된 말도 없었고, 수정할 여분도 없었다. 그는 자신의 친구뿐
만 아니라 당신과 나에게도 하나님이 예수님을 믿는 모든 사
람들을 위해 계획하신 초자연적인 생명, 즉 참 생명을 제시했
다. 스쿠갈이 놀랍도록 분명하게 한 것은 이 초자연적인 생명
은 소수의 선택된 신비주의자들을 위한 난해하고, 비밀스럽
고, 무시무시한 생명이 아니라는 것이다. 이것은 영지주의가
아니라, 명백하고, 현실적이며, 하나님이 창조하신 기독교다.
그것은 은혜로우신 구세주와 애정에 굶주린 죄인의 결합이다.
그것은 겸손하고 순수한 신자 안에 내주하시는 그리스도이시
다. 교령회(交靈會-산 사람들이 죽은 이의 혼령과 교류를 시도하는 모임)는
없지만, 성경 공부도 있고, 운명은 말할 수 없지만, 성경의 하
나님에 대한 살아 있는 믿음도 있다. 그것은 계시된 신비, 적

극적이신 하나님께 대한 공개적인 초대이다.

나는 스쿠갈을 편지를 읽고 난 후 변명의 여지가 없다. 나는 거룩한 만큼 따라서 내가 행복하기를 원한다. 참 생명은 복잡하지 않지만, 그것은 도전적이다. 그것은 단순하지만 항상 쉬운 것은 아니다. 나는 절박한 곳으로 가야 한다. 나는 예수님이 나의 유일한 소망이심을 깨닫고, 다른 모든 것이 그분 앞에 엎드려 합당한 자리를 차지하는 그 귀중한 영혼의 자리로 가야 한다. 그곳에 있을 때, 나는 생명의 벼랑 끝, 아버지의 집 현관에 서 있었다. 내가 참된 생명을 놓친다면 내가 더 많이 아니라, 덜 원했기 때문이다. 나는 너무 쉽게 껍데기에 만족했다. 내가 유일하신 참 하나님보다 작은 신들을 소중히 여겼기 때문이다.

스쿠갈의 논문(당신의 영혼의 건강과 행복은 당신이 가장 사랑하는 것의 가치에 의해 결정되고 측정된다)은 도전이자 따뜻한 초대이다. 그것은 모든 작은 사랑을 떨쳐버리는 도전이고, 예수 그리스도를 최고로 사랑하라는 초대이다. 여기서 확신하는 것은 우리가 이 모든 것에서 적극적이신 하나님을 발견할 것이라는 것이다. 우리는 모든 우상을 버리고 그들 대신 따뜻이 맞이하시는 하나님을 발견하지 못할 것을 결코 두려워할 필요가 없다. 스쿠갈의 하나님, 곧 성경의 하나님은 그분 자신을 위해 우리를 계획하셨으며,

그분 자신을 위해 그리스도의 피를 통해 우리를 구속하셨다.

그러니, 우리 두려워하지 말고, 밀어붙이도록 가자! 올바른 믿음이나 올바른 생활, 또는 올바른 감정(이것들만큼 중요한 것)에 만족하는 것을 거부하자. 그리스도께서 우리를 속량하신 것, 즉 우리의 마음과 경험에서 하나님 아버지, 아들, 성령을 알아야만 하는 것 외에는 아무 것도 없는 것으로 만족하자. 우리가 그분 안에 감추어진 것 같이 그리스도께서 우리 안에 거하시는 것을 알게 될 것이다. 그러면 그분이 다른 모든 것보다 우리에게 더 귀하게 되실 때, 죄는 암처럼 우리에게 혐오스러울 것이다. 이 짧은 삶과 영원 사이의 휘장이 놀라울 정도로 얇아질 것이며 우리는 천국의 교외에서 살고 있는 자신을 발견하게 될 것입니다.

"내가 그리스도와 함께 십자가에 못 박혔나니 그런즉 이제는 내가 사는 것이 아니라 이제 내가 육체 가운데 사는 것은 나를 사랑하사 나를 위하여 자기 자신을 버리신 하나님의 아들을 믿는 믿음 안에서 사는 것이라"(갈 2:20).

참 생명을 위한 당신의 것.

존 길레스피